Forum Kultus

Zur Freiheit des Christenmenschen

Sakramente Heute

Unübersehbar ..
ergibt sich als notwendig,
dass das christliche Freiheitselement
auch dem Wesen des Kultus,
dem Sakramentalismus
einverleibt werden muss.

Hella Wiesberger, GA 265, S.19

FORUM KULTUS

Arbeitsmaterial zur Kultus-Frage

ZUR FREIHEIT DES CHRISTENMENSCHEN
SAKRAMENTE HEUTE

Der freie christliche Impuls Rudolf Steiners heute

INTERNET-LEXIKON-PRINTAUSGABE
Kurz-Info-Buch

Volker David Lambertz

ISBN 978 3 7481 8293 1

BoD - Pfingsten 2019

FORUM FREIER CHRISTEN
forum kultus
Initiative für ein freies, anthroposophisch + sakramental vertieftes Christ-Sein heute

Arbeitsmaterial zur Kultus-Frage
Herausgabe, Satz, Layout (Word 2011) und v.i.S.d.P. :
Dr. phil. Volker David Lambertz ©, D-78333 Wahlwies, Herrensteig 18 - siehe S. 133

Herstellung und Verlag:
BoD- Books on Demand, Norderstedt
In de Tarpen 42, D- 22848 Norderstedt / www.BoD.de

Titelbild: *Rudolf Steiner arbeitet an der Christus-Statue für das erste Goetheanum.*

MANUSKRIPTDRUCK - *Ohne Gewähr - 5/2019*
Dieses INFO-Buch wird fortlaufend aktualisiert !
Bitte erkundigen Sie sich nach der ggf. neusten Bearbeitung !
Damit Sie eine schnelle Orientierung finden,
sind hier wichtige Stichworte FETT wiedergegeben.

Achtung: Die aktuelle Ausgabe des Internet-Lexikons "www.AnthroWiki.info"
besteht aus einer Fassung, die momentan noch nicht mit dieser hier
bearbeiteten Fassung (04/2019) übereinstimmt / abgestimmt ist.

Die Verantwortlichkeit für die Inhalte liegt beim jeweiligen Autor! - Siehe S. 132.
Beiträge, wenn nicht anders vermerkt, von V.D. Lambertz.

Der freie christliche Impuls Rudolf Steiners heute

With an english summary

FORUM KULTUS

Initiative für ein freies,
anthroposophisch + sakramental vertieftes Christ-Sein heute

Grünewald - Auferstehung

Wie überall eben
aus dem Lebendigen heraus
das Kultusartige
gesucht werden muss.

Rudolf Steiner

frei + christlich

Man muss sich nur im Klaren sein,
dass man über dies Thema nicht streiten kann,
sondern man muss lernen,
Wesensunterschiede zu unterscheiden.

Alle Kultformen
haben ihre Berechtigung und ihre Bedeutung;
und man kann daher jede,
in der ihr gemäßen Form und dem ihr zukommenden Rahmen,
durchaus anerkennen.

Fred Poeppig

ARBEITSMATERIAL ZUR KULTUS-FRAGE
ZUR FREIHEIT DES CHRISTENMENSCHEN
SAKRAMENTE HEUTE

Inhalt

Alle freie Religiosität,
die sich in der Zukunft
innerhalb der Menschheit
entwickeln wird,
wird darauf beruhen,
dass in jedem Menschen
das Ebenbild der Gottheit
wirklich
in unmittelbarer Lebenspraxis,
nicht bloß in der Theorie,
anerkannt werde.

Dann wird es keinen Religionszwang
geben können,
dann wird es keinen Religionszwang
zu geben brauchen,
denn dann wird die Begegnung
jedes Menschen
mit jedem Menschen
von vornherein
eine religiöse Handlung,
ein Sakrament sein,

und niemand wird
eine besondere Kirche,
die äußere Einrichtungen
auf dem physischen Plan hat,
nötig haben,
das religiöse Leben
aufrecht zu erhalten.

Die Kirche kann,
wenn sie sich richtig versteht,
nur die eine Absicht haben,
sich unnötig zu machen
auf dem physischen Plane,

indem das ganze Leben
zum Ausdruck
des übersinnlichen
gemacht wird.

Rudolf Steiner, 9. 10. 1918

frei + christlich

ein pfingstlicher Impuls !

" Wir müssen uns klar darüber sein, dass der Mensch sich immer mehr **individualisiert** und dass er immer mehr und mehr in der Zukunft den Zusammenschluss mit anderen Menschen *freiwillig* finden muss. ...

Wenn sich Menschen vereinigen in einer höheren Weisheit, dann steigt aus höheren Welten wieder eine **Gruppenseele** herab - wenn aus den gebundenen natürlichen Gemeinschaften freie Gemeinschaften entstehen.

Was gewollt ist von den Leitern der geisteswissenschaftlichen (*anthroposophischen* VDL) Bewegung, das ist, dass wir in ihr eine Gesellschaft finden, in welcher die **Herzen der Weisheit zuströmen**, wie die Pflanzen dem Sonnenlichte zuströmen.

Wo die gemeinschaftliche Wahrheit die verschiedenen Iche verbindet, da geben wir der höheren **Gruppenseele Gelegenheit zum Herabstieg**. Indem wir unsere Herzen gemeinsam einer höheren Weisheit zuwenden, betten wir die Gruppenseele ein. Wir bilden gewissermaßen das Bett, die Umgebung, in der sich die Gruppenseele verkörpern kann.

Die Menschen werden das Erdenleben bereichern, indem sie etwas entwickeln, was aus höheren Welten geistige Wesenheiten herniedersteigen lässt.

Das ist das Ziel der geisteswissenschaftlichen (*anthroposophischen* VDL) Bewegung.

Das ist in großartiger, gewaltiger Form einmal vor die Menschheit hingestellt worden, um zu zeigen, dass der Mensch ohne dieses geistlebendige Ideal in ein anderes Verhältnis übergehen würde:

Es ist ein Wahrzeichen, das den Menschen mit überwältigender Kraft zeigen kann, wie die Menschheit den Weg finden kann, um im seelischen Zusammenschluss dem gemeinsamen Geist eine Verkörperungsstätte zu bieten.

Dieses Wahrzeichen ist uns hingestellt in der Pfingstgemeinde, als gemeinsame Empfindung inbrünstiger Liebe und Hingabe eine Anzahl Menschen durchglühten, die sich **zu gemeinsamer Tat versammelt** hatten.

Da ist eine Anzahl von Menschen, deren Seelen noch nachbeben von dem erschütternden Ereignis, so dass in allen das Gleiche lebte. In dem Zusammenströmen dieses einen, gleichen Gefühles lieferten sie das, worin sich **ein Höheres**, eine gemeinsame Seele verkörpern konnte.

Pfingstliche Christen-Gemeinschaft

Das wird ausgedrückt mit jenen Worten, die besagen, dass der **Heilige Geist, die Gruppenseele**, sich herniederließ und sich zerteilt wie feurige Zungen. Das ist das große Symbolum für die Menschheit der Zukunft. .. Nun soll die Menschheit suchen eine Stätte für die sich herabneigenden Wesen aus höheren Welten.

In dem Osterereignisse wurde dem Menschen die Kraft gegeben, solche mächtige Vorstellungen in sich aufzunehmen und *einem Geiste* zuzustreben.
Das Pfingstfest ist die Frucht der Entfaltung dieser Kraft.

Immerdar soll durch das Zusammenströmen der Seelen zu der gemeinsamen Weisheit sich das vollziehen, was eine lebendige Beziehung herstellt zu den Kräften und Wesenheiten höherer Welten und zu etwas, was jetzt noch so wenig Bedeutung hat für die Menschheit wie das Pfingstfest.

Durch die Geisteswissenschaft (Anthroposophie ^VDL^) wird es dem Menschen wieder etwas werden.

Wenn die Menschen wissen werden, was die Herabkunft des heiligen Geistes in der Zukunft für die Menschen bedeuten wird, dann wird das Pfingstfest wieder lebendig werden.

Es wird dann nicht nur eine Erinnerung sein an jenes Ereignis in Jerusalem, sondern es wird eintreten für die Menschen jenes immer dauernde *Pfingstfest des seelischen Zusammenstrebens.*

Es wird ein Symbolum werden für die dereinstige große Pfingstgemeinde, wenn die Menschheit sich in einer gemeinsamen Wahrheit zusammenfinden wird,
um höheren Wesenheiten die Möglichkeit zur Verkörperung zu geben.

Von den Menschen selbst wird es abhängen, wie wertvoll dadurch die Erde für die Zukunft werden wird und wie wirkungsvoll solche Ideale für die Menschheit sein können.

Wenn die Menschheit in dieser rechten Weise zu der Weisheit hinstrebt, dann werden höhere Geister sich mit den Menschen verbinden. "

Rudolf Steiner
Auszug aus dem Vortrag vom 7.6.1908, GA 98.

Gott ist die Liebe!
Und wer in der Liebe ist, der ist in Gott und Gott in ihm.
Wo zwei oder drei in meinem Namen versammelt sind,
da bin ich mitten unter ihnen !

Der
freie christliche, allgemein-priesterliche Impuls
Rudolf Steiners heute *

+ TAUFE
+ TRAUUNG
+ BESTATTUNG
+ OPFERFEIER

- überkonfessionell
- allgemein-priesterlich
- individuell
- frei

Die Freiheit auch dem Sakramentalismus einverweben

Was aus der Tauff krochen ist,
das mag sich ruhmen,
dass es schon Priester, Bischof und Papst geweihet sei.
Martin Luther

FORUM KULTUS
INITIATIVE, FREIE CHRISTLICHE ARBEITS-GEMEINSCHAFT
Initiativen für ein freies, anthroposophisch + sakramental
vertieftes Christ-Sein heute

---

* Dabei geht es uns vor allem um die *"laien"-priesterliche* Taufe, Trauung, Bestattung, Opferfeier.
Für die speziellen "Schulhandlungen", insbesondere Sonntagshandlung, Jugendfeier,
werden in der Regel die Waldorfschulen/anthro. Heime als zuständig empfunden.

Jeder Mensch ein Priester !

- ## CHRIST-SEIN HEUTE
  Gott ist Über-all ! Brauchen wir Kirchen, Hirten, Fremdbestimmung ?
  Die Arznei der Sakramente: überkonfessionell, frei, nicht mehr
  institutionalisiert, verengt in kirchliche, konfessionelle Perspektiven !

- ## DIE FREIHEIT DES CHRISTENMENSCHEN
  ## UND DIE INDIVIDUELLE SITUATION
  "Die Freiheit auch dem Sakramentalismus einverleiben!" *(Wiesberger)*
  Freiheit = Handeln aus der "moralischen Intuition" eines "ethischen
  Individualismus" ! Überkonfessionell + individuell + geschwisterlich + frei.
  Nur die *eigene, individuelle Beziehung* zur Geistigen Welt
  ist der Maßstab religiösen, sakramentalen, spirituellen Handelns.

- ## DAS ALLGEMEINE CHRIST=PRIESTER-SEIN
  Heute brauchen wir nicht mehr unbedingt einen Vermittler zwischen
  uns und der Geistigen Welt, einen kirchlich zertifizierten Amts-Priester und
  "Hirten" ("Zwei-Stände-System"), der *allein* sakramental handeln darf.
  Ziel: Das "Allgemeine Priestertum" ! : *Jeder Mensch - werde - ein Priester* !

- ## DIE SAKRAMENTE
  ## AUS DER QUELLE DER FASSUNGEN RUDOLF STEINERS
  Die Sakramente kultushistorisch fortgeschritten (allgemein ["laien"]-
  priesterlich, als "direkter Kultus"), freilassend und doch spirituell
  tiefgreifend, die geistigen Vorgänge real und wirkungsvoll ergreifend
  in Worte zu fassen, das trauen wir Rudolf Steiner zu.
  So sind diese individuell zu handhabenden, *sieben* Sakramente *Fundament*, aber auch "ein Anfang", der zeitgemäß "fortgesetzt" werden soll.

- ## DIE ANTHROPOSOPHIE
  Die Anthroposophie ist ein undogmatisches *Erkenntniswerkzeug,*
  ein individueller, freier Weg, *unabhängig* eines religiösen Standpunkts.
  Weil die "Anthroposophische Gesellschaft" eine interreligiöse ist,
  arbeiten wir zwar als Anthroposophen, aber *autonom* von dieser.

- ## CHRISTEN-GEMEINSCHAFT
  Freie Christen handeln! Handelnde tragen Verantwortung.
  Für ein gemeinsames Handeln müssen Wege praktiziert werden,
  die ein destruktives Miteinander durch einen persönlichen und
  gemeinsamen, spirituellen und sozialen Schulungsweg verhindern !
  Auf dem Weg zu einer Kultus-Trage-Verantwortungs-Gemeinschaft.

*Siehe auch Kap. "**Leitsterne**", S. 33 und "Fazit", S. 113 !*

FORUM KULTUS

ARBEITSMATERIAL ZUR KULTUS-FRAGE
KURZ-INFO

Liebe InteressentInnen!

Was will die Zukunft von uns?
VERANTWORTUNG .. aus der FREIHEIT der INDIVIDUALITÄT ...
auch im Religiösen ... "**Gott ja, Kirche nein?**" *(Eugen Drewermann)*
Wo findet sich aber Gott, der Über-IN-Allem?
Wo und wie finde ICH meine ganz individuelle, reale Gottes-Erfahrung?

In der Kirchenlandschaft blieb die (mit Frauenordination, synodalem
System und auch politisch wach engagiert, heutzutage fortschrittlichste)
"**Alt-Katholische Kirche**" leider doch eine Randerscheinung.
Und der insbesondere von Friedrich Rittelmeyer, mit Ratschlägen von
Rudolf Steiner, begründeten Kirche "**Die Christengemeinschaft**" wollte
sich *außerhalb* der anthroposophischen Bewegung fast niemand
zuwenden, sodass sie eine "Sondergemeinschaft", eine vor allem interne
"**Anthroposophen-Kirche**" blieb ... relativ unbeachtet von der Welt,
aber mit tragischem Konfliktstoff für die anthroposophische Bewegung,
weil sie eben gerade für diejenigen gedacht und konzipiert war,
die den Weg direkt zur Anthroposophie *noch* **nicht finden** können *(R.St.)* ...

Aber brauchen.. ja wollen wir überhaupt "KIRCHE"
muss christliches Leben *institutionalisiert* sein,
brauchen wir Vermittler *zwischen* uns und der Geistigen Welt?
Oder ist - wenn wir es können - *auch* **sakramentaler Beistand**,
geschwisterlich füreinander, Christen-Pflicht und Auf-Gabe ..
individuell, oder in autonom handelnde Christen-Gemeinschaften,
ein jeder entsprechend seiner ganz individuellen Gottes-Beziehung?

Doch **wohin** wenden wir uns *konkret*, heute,
und zwar als überkonfessionell, geschwisterlich suchende,
freie Christen und vor allem als Anthroposophen,
wenn wir auch die Hoch- und Notzeiten des Lebens
- insbesondere **TAUFE, TRAUUNG, BESTATTUNG** -
allgemein-christlich, sakramental, individuell vertiefen
und keine *spezielle Kirche* in Anspruch nehmen wollen?

Viele Wege führen zu IHM, dem Alles!
Deshalb: **Jedem seinen Weg**!
Auf der Suche nach einem dementsprechenden,
spirituell wirksamen Weg findet sich
der überkonfessionelle, "**freie christliche**" **Impuls Rudolf Steiners**,
der die sieben Sakramente wieder freiheitlich, urchristlich,
geschwisterlich, allgemein(="laien")-priesterlich handhaben lässt

und in revolutionärer Weise priesterliches, sakramentales Handeln
verändert: **"Jeder Mensch ein Priester !"**

Dazu gab Steiner *einerseits* der Waldorfschule einen "freien christlichen"
Religionsunterricht mit kultischen, sakramentalen **"Schul-Handlungen"**,
und *andererseits* als "spezifisch anthroposophischen" Weg
Taufe, Trauung, Bestattung, die heute (ergänzt) die Handhabung
der Sakramente in ihrer ganzheitlichen **Siebenheit** ermöglichen. *

Diese kultushistorische Wende
wurzelt in der individuellen LIEBE - TAT + FREIHEIT,
in der "moralischen Intuition" eines **"Ethischen Individualismus"**,
wie ihn Rudolf Steiner in der "Philosophie der Freiheit" beschreibt.

"Freie christliche" Sakramente
- wie Rudolf Steiner sie (zwar fragmentarisch) erfasst hat *(siehe S.58 ff.)*,
wie wir sie **wieder und neu** initiierten, zeitgemäß aufgreifen
und "fortzusetzen" *R.St.!* suchen - sind **ein "IMPULS"**,
der aus der Bewusstseinsseele **individuell** und aktuell,
frei ergriffen und jeweils immer wieder neu geboren werden muss.

Keine Institution schreibt mir dabei etwas vor,
maßgeblich ist *meine* individuelle Beziehung zur geistigen Welt,
sind meine / unsere Möglichkeiten und ist die Verantwortung
und Not-wendigkeit tätig zu werden, aufgrund der Frage des Du
um auch sakramentalen Beistand / Vermittlung.

Dabei zeigt sich, dass "die Sakramente" nicht irgendjemanden
"gehören", sondern SEINE, von IHM vielfältig (überkonfessionell)
eingesetzten Werkzeuge sind, und vor allem keine auf alle Ewigkeiten
und für alle Menschen gleiche und dogmatisch irreal starr bleibende
Instrumente Gottes, sondern sich zeitgemäß, lebendig wandelnde
"Zwischenstationen", individuell hin zu Ihm sind.

Anthroposophie muss, will und wird die Welt befruchten !
Diese not-wendige Auf-Gabe ergreifen auch im *Kultischen*
autonom und individuell, überkonfessionelle, kultisch engagierte
Anthroposophen im (u.a.) **"Forum Kultus"**
und rufen jeden ehrlich Suchenden auf, die Ergebnisse / Möglichkeiten
sakramentalen Wirkens verantwortlich und individuell in den Hoch- und
Notzeiten des Lebens aufzugreifen, als die/Seine "heilende Arznei",
bzw. antworten / handeln auf die Anfragen des Du.

Das geschieht **unabhängig von der Organisation "Anthroposophische
Gesellschaft"**, weil diese religiös/konfessionell **neutral** ist.

---

* Uns geht es praktisch vor allem um Taufe, Trauung, Bestattung, Opferfeier.
Siehe Kap. "Verwendete Rituale", S. 57ff und "Nische Waldorfschule", S. 81 !

Hierbei ist darauf hinzuweisen, dass es sich hier **nicht** um den von Rudolf Steiner
so genannten **"Kosmischen / umgekehrten Kultus"** handelt !

Jedoch wurde mit Begründung der Kirche "Die Christengemeinschaft" *anthroposophisch*-sakramentales Handeln von dieser **monopolisiert.** Bis heute sieht sie sich als einzig berechtigt zur Handhabung der von Rudolf Steiner vermittelten Sakramente (insbesondere Taufe, Trauung, Bestattung) an; eine Hinterfragung war / ist tabu.

So schliefen dann bald die bereits vorhandenen, "freien christlichen" Anfänge - bis auf die "Schul-Handlungen" in der Nische der Freien Waldorfschulen! *(s. S. 81)* - ein und gerieten in **Vergessenheit** ...

Heute aber ist der sakramentale "freie christliche" Impuls ganzheitlich - gegen den Widerstand der "Christengemeinschaft" *(s. S. 89ff)* - mit den *sieben* Sakramenten wieder und **neu ergriffen** und proklamiert und steht dem Strebenden eigenverantwortlich offen.

Die "freien christlichen" Sakramente in der Fassung Rudolf Steiners, wie *wir* sie - im "Forum Kultus" als ein Arbeitskreis und **NETZWERK,** und andererseits einer "Initiative, freie christliche Arbeits-Gemeinschaft" als eine verbindliche **Kultus-Verantwortungs-Trage-Gemeinschaft,** als "Initiativen für ein freies, anthroposophisch + sakramental vertieftes Christ-Sein heute" - pflegen und "fortzusetzen" *(R.St.)* suchen, sind in **keine** "Organisation" gefasst und/oder institutionalisiert, sondern sind ein jeweils von den Beteiligten individuell, empathisch, immer wieder neu zu gebärender Tat-"**IMPULS**", wurzelnd in gemeinsam gewollten "Leitsternen" *(s. S. 33)*; ein Impuls, der aus der Freiheit, der "moralischen Intuition", eigener ERkenntnis, geschwisterlichem Beistand füreinander, frei-willig von jedem Einzelnen jederzeit **aus eigener Initiative** und **eigener Verantwortung** empathisch ergriffen werden muss! ..

Das "Forum Kultus" ist EINE Möglichkeit dazu, ein FORUM, um die Thematik zu bearbeiten, zusammen zu wirken; ein Impuls, der **auch Sie aufrufen** möchte - ein jeder wo er steht - würdig, auch **sakramental Verantwortung** zu übernehmen ...

Die Anerkennung durch bestimmte Persönlichkeiten / Institutionen, oder deren Macht- / Besitzansprüche sind für uns nicht relevant, genauso wenig die erreichte Verbreitung / **Quantität** des Impulses, erst recht nicht die Etablierung als / einer Organisation / Institution, sondern die spirituelle Qualität und **Authentizität**, die Verbundenheit mit der Geistigen Welt des jeweils frei, individuell, wahrhaftig, würdig, empathisch, sakramental wirksam, REAL Handelnden.

Deshalb arbeiten wir autonom, aber tolerant und auch **ökumenisch** mit allen Christen-Geschwistern und -Gemeinschaften zusammen - wohlwissend, dass im Sinne der **Freiheit der Religionsausübung** das hier Vorgebrachte keine Allgemeingültigkeit beansprucht! - und sind daher keine "Gegner" irgendeiner wahrhaftigen Kirche, auch nicht der Kirche "Die Christengemeinschaft" (!!).

Mit diesem **KURZ-Info-Buch**
- eine erweiterte Zusammenstellung für das **INTERNET-LEXIKON**
"Anthro-Wiki" - wollen wir Ihnen *unsere* (!) Perspektive aufzeigen,
unseren Weg mit dem "freien christlichen Impuls Rudolf Steiners" *heute*
(wenn auch HIER in dieser Broschüre im **plakativen Internet-Lexikonstil**
und als **MANUSKRIPTDRUCK**) vorstellen.

Damit Sie hier eine schnelle Orientierung finden,
sind hier wichtige **Stichworte FETT** wiedergegeben.

Es wendet sich insbesondere an die *anthroposophischen Freunde*
und setzt somit **verschiedentlich Kenntnisse der Anthroposophie**
und von Interna der anthroposophischen Bewegung voraus.
Und weil die große Mehrheit der Anthroposophen auch Mitglied
der **Kirche "Die Christengemeinschaft"** ist,
muss hier *leider* auch immer wieder auf **deren** - uns und ein allgemeines
("Laien"-) Priester-Sein - **ablehnende Doktrin** und oft **tendenziösen** und
uninformierten(?) Darstellungen der Problematik hingewiesen
und auch verschiedentlich korrigierend reagiert werden *(s. S. 90ff)*.

Nicht jedes Detail dieser diffizielen Thematik kann HIER eruiert werden!
Es ist versucht, diese aus **verschiedenen Gesichtspunkten** anzuschauen.

Bitte bedenken Sie auch, dass dieser Impuls ein sich dauernd lebendig
wandelnder ist *(s.S.133 unten)* ! Schauen Sie immer wieder aktuell nach!
Oder kommen Sie einfach *direkt* mit uns ins Gespräch *(s.S.133)* ! ...

Für eine ausführlichere Behandlung empfehle ich unsere Website:
www.Forum-Kultus.de,
bzw. das INFO-BUCH *(siehe Inhaltsverzeichnis S.119 !, bzw. S.122)* :
"Der freie christliche Impuls Rudolf Steiners heute" !

Auf dem Weg ... brennenden Herzens ...
denn Christ-Sein wird sich zukünftig immer mehr
einer "allein selig machenden" Kirche ab- und den Geschwistern
und damit IHM direkt, konkret, individuell und autonom
und ggf. in freien, sozialen Christen-Gemeinschaften zuwenden;
auch wenn das noch Zukunft ist,
die aber *heute* gesät werden muss... !

Volker David Lambertz
im FORUM KULTUS - Ostern 2019

Die Freiheit auch dem Sakramentalismus einverweben

Dass es kein anderes Wort Gottes gibt

als das,
was allen Christen zu verkündigen aufgetragen ist;
dass es keine andere Taufe gibt als die,
die jedweder Christ vollziehen kann;
dass es kein anderes Gedächtnis
des Herrenmahls gibt als das,
bei dem jedweder Christ tun kann,
was Christus zu tun befohlen hat;
dass es keine andere Sünde gibt als die,
die jedweder Christ lösen kann;
dass es kein anderes Opfer gibt,
als den Leib eines jedweden Christen;
dass niemand vorbeten kann,
allein der Christ für sich selbst;
dass niemand über die Lehre urteilen darf,
außer allein der Christ selbst.

Alle Christen
sind wahrhaftig geistlichen Stands,
und ist unter ihnen kein Unterschied,
denn des Amts halben allein. ...
Was aus der Taufe krochen ist,
das mag sich rühmen, dass es schon
Priester, Bischof und Papst
geweihet sei,
obwohl es nicht jedem ziemt,
dieses Amt auch auszuüben.

Martin Luther (übersetzung - VDL)

19

DER FREIE CHRISTLICHE IMPULS RUDOLF STEINERS HEUTE

FREI + CHRISTLICH

FORUM KULTUS

ARBEITSMATERIAL ZUR KULTUS-FRAGE
KURZ-INFO

WURZEL: FREIHEIT

Was uns von allen anderen Wesen unterscheidet, ist die F r e i h e i t .
Die **"Freiheit des Christenmenschen"**
war ein zentrales Postulat der Reformation und Praxis im Ur-Christentum.
Und heute?
Freiheit ist mehr als "Freiheit",
nämlich die eigenverantwortliche Einordnung, aufgrund eigenen
moralischen Empfindens, in das Wollen der göttlichen Welt
und das dann dementsprechende Handeln.
Damit ist jedes einzelne Ich
als verantwortlich für die weitere Weltentwicklung gefordert.
Im Freiheitsgedanken
der "Philosophie der Freiheit" Rudolf Steiners, finden sich unsere Wurzeln.

Aus der PHILOSOPHIE DER FREIHEIT

(...eine *freie* Handlung:) " Zur Voraussetzung hat eine solche Handlung
die Fähigkeit der **moralischen Intuitionen.** [9K/25A] ...
Die Menschen sind dem Intuitionsvermögen nach verschieden. .. Wie
ein Mensch handelt, wird also abhängen von der Art, wie sein Intuitionsvermögen einer bestimmten Situation gegenüber wirkt. Die Summe der
in uns wirksamen Ideen, den realen Inhalt unserer Intuitionen, macht das
aus, was bei aller Allgemeinheit der Ideenwelt in jedem Menschen individuell geartet ist. Insofern dieser intuitive Inhalt auf das Handeln geht, ist
er der Sittlichkeitsgehalt des Individuums. ..
Man kann diesen Standpunkt den **ethischen Individualismus**
nennen. ... [9K/28A]
Während ich handle, bewegt mich die Sittlichkeitsmaxime, insofern sie
intuitiv in mir leben kann; sie ist verbunden mit der Liebe zu dem Objekt,
das ich durch meine Handlung verwirklichen will. Ich frage keinen
Menschen und auch keine Regel: Soll ich diese Handlung ausführen? -
sondern ich führe sie aus, sobald ich die Idee davon gefasst habe. Nur
dadurch ist sie *meine* Handlung. Wer nur handelt, weil er bestimmte
sittliche Normen anerkennt, dessen Handlung ist das Ergebnis der in
seinem Moralkodex stehenden Prinzipien. Er ist bloß der Vollstrecker. ..
Nur wenn ich meiner Liebe zu dem Objekt folge, dann bin ich es selbst,
der handelt. ... ich vollziehe sie, weil ich sie *liebe*. Sie wird 'gut', wenn
meine in Liebe getauchte Intuition in der rechten Art in dem intuitiv zu
erlebenden Weltzusammenhang drinnensteht; 'böse', wenn das nicht
der Fall ist. Ich frage mich auch nicht: Wie würde ein anderer Mensch in
meinem Falle handeln? - sondern ich handle, wie ich, diese besondere
Individualität, zu wollen mich veranlasst sehe. Nicht das allgemein Übli-
che, die allgemeine Sitte, eine allgemein-menschliche Maxime, eine

sittliche Norm leitet mich in unmittelbarer Art, sondern meine **Liebe zur Tat**. ... *(9K/30A)*

Eine Handlung wird als eine freie empfunden, soweit deren Grund aus dem ideellen Teil meines individuellen Wesens hervorgeht; jeder andere Teil einer Handlung, gleichgültig, ob er aus dem Zwange der Natur oder aus der Nötigung einer sittlichen Norm vollzogen wird, wird als *unfrei* empfunden. *(9K/33A)*

Frei ist nur der Mensch, insofern er in jedem Augenblicke seines Lebens sich selbst zu folgen in der Lage ist. Eine sittliche Tat ist nur *meine* Tat, wenn sie in dieser Auffassung eine freie genannt werden kann. ... *(9K/34A)*

Die Handlung aus Freiheit schließt die sittlichen nicht etwa aus, sondern ein; sie erweist sich nur als höher stehend gegenüber derjenigen, die nur von diesen Gesetzen diktiert ist. ... Die Freiheit des Handelns ist nur denkbar vom Standpunkt des ethischen Individualismus aus. ... *(9K/35A)*

Leben in der LIEBE zum Handeln und Lebenlassen im Verständnis des fremden Wollens ist die Grundmaxime der freien Menschen. .. *(9K/36A)*

Es wird viele geben, die da sagen: Der Begriff des *freien* Menschen, den du da entwirfst, ist eine Schimäre, ist nirgends verwirklicht. .. Ich bezweifle das keineswegs. Nur ein Blinder könnte es. ...

Aber mitten aus der Zwangsordnung heraus erheben sich die Menschen, die *freien Geister*, die *sich* selbst finden in dem Wust von Sitte, Gesetzeszwang, Religionsübung und so weiter. ...

Wer von uns kann sagen, dass er in allen seinen Handlungen wirklich frei ist? Aber in jedem von uns wohnt eine tiefere Wesenheit, in der sich der freie Mensch ausspricht. *(9K/38A)* ...

Was der freie Geist nötig hat, um seine Ideen zu verwirklichen, um sich durchzusetzen, ist also die **moralische Fantasie**. Sie ist die Quelle für das Handeln des freien Geistes. ... *(12K/3A)* ...

Das moralische Handeln setzt also voraus neben dem moralischen Ideenvermögen und der moralischen Fantasie die Fähigkeit, die Welt der Wahrnehmungen umzuformen, ohne ihren naturgesetzlichen Zusammenhang zu durchbrechen.

Diese Fähigkeit ist **moralische Technik**. Sie ist in dem Sinne lernbar, wie Wissenschaft überhaupt lernbar ist. ... *(12K/4A)* "

Rudolf Steiner, "Die Philosophie der Freiheit", GA 4, AUSZÜGE aus dem 9. Kapitel.
(K= Kapitel / A = Absatz // Kursivsetzung original Steiner / fett gesetzt durch VDL)

Unübersehbar .. ergibt sich als notwendig,
dass das christliche Freiheitselement
auch dem Wesen des Kultus,
dem Sakramentalismus einverleibt werden muss.

Hella Wiesberger, GA 265, S. 19.

Der freie christliche Impuls

Mit dem Begriff **"Der freie christliche Impuls"** benennt vor allem das von Anthroposophen betriebene
"Forum Kultus - Initiative für ein freies, anthroposophisch + sakramental vertieftes Christ-Sein heute"
den durch RUDOLF STEINER gegebenen *"laienpriesterlichen"*, **sakramentalen Kultus, in der heutigen,** *umfassenden* **Handhabung mit allen** *sieben* **Sakramente.**

Als "freie christliche *Handlungen"* werden in der anthroposophischen Bewegung
- **1.** *einerseits* die **"freien christlichen Schulhandlungen"** - mit den "Sonntagshandlungen", dem Sakrament der "Jugendfeier" und dem Zentralsakrament "Opferfeier", eingebunden in den "freien christlichen Religionsunterricht" - in den Freien Waldorfschulen und vielen heilpädagogischen Heimen verstanden *(die HIER - in diesem Kurz-Infobuch - NICHT speziell behandelt werden!, dafür sind die Schulen zuständig)*,
- **2.** *andererseits* - aber in der Regel unbekannt - gehören dazu die (**hier behandelten** [1] ,) laienpriesterlich, außerhalb dieser Institutionen gegebenen Sakramente, insbesondere der **Taufe, Trauung, Bestattung** (prinzipiell jedoch alle *sieben Sakramente* und von Steiner gefassten Rituale [dabei gehört die **Opferfeier** zu beiden Räumen]),
die allerdings vor allem durch den Monopolanspruch der Kirche "Die Christengemeinschaft" verdrängt und in Vergessenheit gerieten,
aber seit den 1990'ern vom "Forum Kultus" wieder und neu aufgegriffen und öffentlich gemacht wurden.

Somit stehen heute wieder die *"sieben Sakramente"*
auch praktisch, allgemein-priesterlich zur Verfügung :

"TAUFE" (Empfangskultus), (als Rituale: "Sonntagshandlung für die Kinder" mit Einschübe für Weihnachten und Pfingsten), "JUGENDFEIER" (Konfirmation), "OPFERFEIER", "LEBENSSCHAU" (Beichte), "LETZTE ÖLUNG" (mit den Sterberitualien: "Aussegnung", "Bestattung" [auch für Kinder], ggf. "Urnenbeisetzung", "Totenhandlung"), "WEIHE" (bzw. Erwachsenen-Taufe), "TRAUUNG". *(Siehe Kap. "Verwendete Rituale", S. 57ff.)*

Folgend wird es in diesem Kurz-Infobuch nur im Zusammenhang auch um die
[1] **Thema** HIER sind die von unserer Initiative vor allem gehandhabten Handlungen:
Taufe, Trauung, Bestattung und *Opferfeier* !
Diese Handlungen sind insbesondere gemeint, wenn HIER
von *unserer* "freien christlichen" Praxis gesprochen wird,
wenn auch **ALLE SIEBEN Sakramente** auch dem "freien christlichen Impuls heute"
als zugehörig angesehen werden !

Die hier von Rudolf Steiner an Anthroposophen vermittelten Sakramente sind **überkonfessionell** und "**laien-priesterlich**" gegeben, d. h. sie benötigen **nicht mehr eine** "**Kirche**" und den *kirchlich* legitimierten Priester, bzw. eine "*geweihte*" Persönlichkeit, um wirksam und berechtigt gehandhabt zu werden. [2]

Weil diese Sakramenten-Texte die Vorgänge (aus der Sicht des eingeweihten Geistesforschers Rudolf Steiner) *objektiv* wiedergeben und keine spezielle Perspektive spiegeln, sind sie universal, überkonfessionell handhabbar, **für** "**verschiedene Lebenszusammenhänge**" [R.St.] einsetzbar. So konnten sie fast *wortgleich* von Rudolf Steiner dann - größtenteils - *auch* der Kirche "**Die Christengemeinschaft**" **gegeben** werden, allerdings deren kirchlich-amtspriesterlichen Rahmen entsprechend, und somit spirituell und in der Form diametral zu einem freien christlichen Handeln.

Den sakramentalen, "freien christlichen" Impuls sahen Rudolf Steiner und die Empfänger als kultushistorisch fortgeschritten gegenüber dem kirchlichen an (= Laienpriestertum / Direkte Wandlung). [3]
Er schöpft aus der "**moralischen Intuition**", der "Freiheit" eines "ethischen Individualismus" [4], der **individuellen Tat** des Einzelnen als Antwort auf die individuellen Bedürfnisse und Möglichkeiten und konkreten Fragen des Du, als geschwisterlichen Beistand, nicht mehr aus der Tradition, Zuständigkeit, Direktive, Dogmatik und Hierarchie einer Kirche / Konfession, eines institutionalisierten Christentums.
So auch das Motto des Forum Kultus:
"**Jeder Mensch** (werde) **ein Priester!**".

Seit der Inauguration dieser "erneuerten Sakramente" ist aber ein Jahrhundert vergangen, mit dramatischen Umwälzungen, aber auch ein auch durch die Anthroposophie verändertes, neues Bewusstsein liegt vor, sodass auch diese Handlungen angeschaut, dementsprechend begriffen und ggf. **zeitgemäß angepasst** werden müssen. [5]

---

2   "Was in der Entwicklung der Christenheit als Sehnsucht und Streben nach Laien-Priestertum immer wieder erstand - allerdings auch immer wieder verfolgt und schließlich zum Verschwinden gebracht wurde -, das hat hier durch Rudolf Steiner eine neue Keimlegung erfahren, die je nach der Schicksalsführung des Einzelnen ihre Früchte zeitigen kann." (*Maria Röschl-Lehrs, GA 269, S. 131*).
3   "...zusammengeschaut, machen klar, wo die Opferfeier auf der Linie historischer Entwicklung einzureihen ist: nicht vor, sondern *nach* der Messe mit Brot und Wein." (*Maria Röschl-Lehrs, GA 269, S. 128*).
4   Die Wurzeln des "freien christlichen Impulses", wie ihn das Forum Kultus aufgreift, liegen insbesondere in der "moralischen Intuition" der "Philosophie der Freiheit" (*Rudolf Steiner, GA 4, S. 158*).
5   "Nehmen sie auch so etwas als einen Anfang hin ... wie überall eben aus dem Lebendigen heraus das Kultusartige gesucht werden muss. ... Etwas Prinzipielles kann es im Leben der Welt überhaupt nicht geben, sondern es kann nur das sich in Leben Wandelnde geben." (*Rudolf Steiner, GA 269, S. 37*) "Wenn heute (1923!) einer die

So steht auch die **Sakramentalisierung des ganzen Alltags** im Raum.

Als ein *autonomer* **Arbeitskreis** kultisch engagierter Anthroposophen, auf der Ebene der "Freien Hochschule für Geisteswissenschaft", hat das "Forum Kultus" die Fragen eines sakramentalen "freien christlichen" Kultus wieder aufgegriffen, erarbeitet und veröffentlicht und steht auf Anfrage auch selbst zur Spendung der Sakramente bereit, bzw. als Netzwerk zur Vermittlung.

Prinzipiell ist aber ein **jeder wahrhaftig Strebender** dazu aufgerufen und berechtigt (= allgemeines Priestertum / "Laienpriestertum") ! [6]

Eine Missionierung oder **große Massen** zu erreichen ist **nicht die Absicht.** Das widerspräche einem Impuls "von unten", der aus dem selbst verantworteten, individuellen Engagement, dem Beistand in überschaubaren, ja oftmals doch auch karmisch bedingten, **direkten Beziehungen,** bzw. der individuellen Nachfragen heraus agiert.

Eine Konsumhaltung an einen Dienstleistungsbetrieb wird abgelehnt.

Zur allgemeinen Information und Bearbeitung, als Grundlage dass informiert und bewusst entschieden werden kann, wird - hauptsächlich von z.Z. Volker David Lambertz, der auch das "Büro" des Forums betreibt - die Thematik in Büchern und Websites - in bewusst kleinen Rahmen - bekannt gemacht. [7]

> *Bloß ist mein Christentum*
> *absolut nicht kirchlich gebunden.*
> *Ich bin ein richtiger Ketzer*
> *für Christus ! ...*
>
> *Das Priestertum des Menschen*
> *ist das einzige, das mir einleuchtet,*
> *und darum bin ich so dankbar,*
> *dass ich Rudolf Steiner begegnete.*
>
> *Maria Röschl-Lehrs* "Vom zweiten Menschen in uns"

Dinge in derselben Weise vertritt, mit der man sie 1919 vertreten hat, man da um Jahrhunderte zurückgeblieben ist." *(Rudolf Steiner, 31.12.1923)*
Dazu gehört auch die - bereits seit vielen Jahren durch die Rudolf Steiner Nachlassverwaltung und dem Vorstand der Allgemeinen Anthroposophischen Gesellschaft vorgenommene - Veröffentlichung der kultischen Texte.

6   **Die hier (in diesem Buch) geschilderten Perspektiven/Positionen sind die der "Initiative für ein freies, anthroposophisch + sakramental vertieftes Christ-Sein heute"** !

7   U. a.: www.Freie-christliche-AG.de, www.Forum-Kultus.de.

INITIATIVE
FREIE CHRISTLICHE ARBEITS-GEMEINSCHAFT

FÜR
EIN FREIES,
ANTHROPOSOPHISCH + SAKRAMENTAL
VERTIEFTES CHRIST-SEIN HEUTE

Gehet hin!

Und Jesus trat zu ihnen und sprach:
Nun ist mir
alle Schöpfermacht übergeben
im Himmel und auf der Erde.

Ziehet aus
und seid die Lehrer aller Völker
und taufet sie
im Namen und mit der Kraft
des Vaters,
des Sohnes
und des Heiligen Geistes.

Und lehret sie,
sich an die Geistesziele zu halten,
die ich euch gegeben habe.
Und siehe,

Jch bin in eurer Mitte
alle Tage
bis zur Vollendung der Erdenzeit.

Matt. 28/18-20 (Übersetzung Emil Bock)

Und ich will euch den Weg weisen,
der höher als alle anderen ist: ...
Die Liebe
sei euer Weg und euer Ziel.

1.Kor. 13 (Übersetzung Emil Bock)

DER FREIE CHRISTLICHE IMPULS RUDOLF STEINERS HEUTE

POSITIONEN

FORUM KULTUS
ARBEITSMATERIAL ZUR KULTUS-FRAGE
KURZ-INFO

POSITIONEN

Taufe + Trauung + Bestattung
Opferfeier
überkonfessionell + allgemein-priesterlich + individuell + frei

Das "Forum Kultus"
und die "Initiative, freie christliche Arbeits-Gemeinschaft"
haben ihre Arbeit, **Ziele** und Positionen in "Leitsterne" formuliert :

Leitsterne [8]

"Gott ist die Liebe!
Und wer in der Liebe ist, der ist in Gott und Gott in ihm!"
Jeder Mensch - werde - ein Priester .. aus und der Liebe !

✳ CHRIST-SEIN HEUTE

"Aus dem Ernst der Zeit, muss geboren werden der Mut zur Tat!" [R. Steiner]
Anthroposophisch sakramentales Handeln
aus zeitgemäßer Verantwortung, als **abgelauschte Antwort**
auf die Fragen, die Not und die Feier der Hoch-Zeiten der Geschwister,
als eine not-wendige Arznei der aktuellen Erd- + Menschen-Not;
im geschwisterlich toleranten, überkonfessionellen
Zusammenwirken wacher Christen.

✳ DIE FREIHEIT DES CHRISTENMENSCHEN
UND DIE INDIVIDUELLE SITUATION

Das "allgemeine Priestertum aller Getauften gründet in der "**Freiheit
des Christenmenschen**" und gebiert einen "ethischen Individualismus":
Handeln aus der "**moralischen Intuition**": individuell + empathisch +
tolerant + überkonfessionell + autonom + frei ...
Nicht die Proklamationen irgendeiner Religionsgemeinschaft,
sondern nur die *reale Liebe-Tat*
aus meiner ganz individuellen Beziehung zur **Geistigen Welt**
ist Maßstab und Berechtigung - sakramentalen - Handelns.
Allein IHM selbst bin ich unterworfen und verantwortlich.

---

8   Stand: Drei-König 2019. Siehe auch *"Sakramente heute..."*, S. 128-129.

✴ DAS ALLGEMEINE CHRIST=PRIESTER-SEIN

Den Alltag spiritualisieren, sakramentalisieren;
geschwisterlich, liebevoll und heilend leben;
Gott in allem wahr-nehmen...
Heute brauchen *wir* keinen zertifizierten Amts-Priester mehr,
der *allein* sakramental handeln kann und darf.
Das Ziel: **Jeder Mensch ein Priester** - im Handeln aus Liebe!

"Allgemeines Priestertum",
das urchristliche und geschwisterliche "**Laien**"-**Priestertum**,
bedeutet nicht Dilettantismus, sondern ERhöhung, Fortschritt,
ist Auf-Gabe, Zukunft menschlichen Handelns und Seins.

✴ DIE ANTHROPOSOPHIE

Uns ist dabei die Anthroposophie ein **Erkenntniswerkzeug**,
die als eine undogmatische, interreligiöse "Geisteswissenschaft",
als eine "Philosophie der Freiheit",
den Einzelnen in seinem Suchen und Finden frei lässt,
tiefste Einblicke und Erfahrungen eröffnet, mit denen ich frei umgehe,
Ver*antwort*ung und Liebe erweckt
und zum *All-umfassenden Gottes-Dienst* wird.

Weil die "Anthroposophische Gesellschaft" eine interreligiöse ist,
arbeiten wir zwar *als* Anthroposophen, aber **autonom** von dieser.

Und weil wir KEINE Religionsgemeinschaft, etc., sondern individuell
Kultus-Wirkende sind, kann auch ein jeder - wenn und wie und wo
er will - auch ökumenisch/anderweitig religiös orientiert/aktiv sein ..
wie das als "Anthroposoph" ja prinzipiell möglich ist.

✴ DIE SAKRAMENTE
AUS DER QUELLE DER FASSUNGEN RUDOLF STEINERS

Die Sakramente sind *Werkzeuge Gottes*,
Konzentrate, "**heilende Arznei**" des Schöpfers allen Seins.
Diese Prozesse in Worte zu fassen,
erfordert einen tiefen Einblick in das Übersinnliche;
das trauen wir Rudolf Steiner zu.
Dennoch sind die durch ihn gefassten,
allgemein-priesterlichen, **sieben Sakramente**
(mit der "Opferfeier" als Zentralsakrament)
"**ein Anfang**" [R.St.], lebendige, universale Fassungen
die zeitgemäß "fortgesetzt" [R.St.] werden sollen,
Inspirationsquellen, nicht apodiktische Dogmatik.

✳ CHRISTEN-GEMEINSCHAFT
GESCHWISTERLICHE KULTUS-TRAGE-GEMEINSCHAFT

Freie Christen handeln! Handeln aus und in Verantwortung.
Es ist ein *Werden* in und **aus LIEBE und FREIHEIT**,
Verantwortung, Moralität, Geschwisterlichkeit, Demut, Toleranz
und der individuellen Gottverbundenheit .. als Sein Werkzeug,
als Schutz-, Pflege-, Verantwortungs-, Trage-Schale des Kultus.
Dazu müssen Wege / Strukturen praktiziert werden,
die ein konstruktives, empathisches Miteinander fördern
und ein destruktives durch einen persönlichen und gemeinsamen,
spirituellen und sozialen Schulungsweg verhindern!
Der anthroposophische Sozialimpuls ist hierzu Antwort und Aufgabe.
(Siehe Kap. "Gemeinschaft bauen", S. 82!)

"Wo zwei oder drei in meinem Namen versammelt sind,
da bin JCh mitten unter ihnen."
"Was ihr getan habt einem meiner geringsten Brüdern,
das habt ihr mir getan."

Wenn dies möglich werde,
und nach Rudolf Steiner wird es möglich werden,
dann sei man in der Entwicklung
wiederum um eine Etappe weitergeschritten
und es werde dadurch " wieder der reale Beweis geliefert werden,
dass das Christentum größer ist als seine äußere Form."

Hella Wiesberger, GA 265, Bd.2, Rudolf Steiner, Karlsruhe, 13.10.1911

Die Freiheit auch dem Sakramentalismus einverweben

Weiterhin wird die "freie christliche" Thematik
in folgenden "Kernsätzen"
(siehe auch: www.Forum-Kultus.de,
sowie im Informationsbuch "Sakramente heute ...")
wiedergefunden :

Kernsätze [9]

Gott ist die Liebe. Und wer in der Liebe ist,
der ist in Gott und Gott in ihm.   *1.Joh. 4:16*
Wo zwei oder drei in meinem Namen versammelt sind,
da bin JCh mitten unter ihnen!   *Matt.18:20*

Leben in der Liebe zum Handeln und Lebenlassen im Verständnis des
fremden Wollens ist die Grundmaxime der freien Menschen.

Rudolf Steiner, "Philosophie der Freiheit"

Zur Voraussetzung hat eine solche Handlung die Fähigkeit der moralischen Intuition.   *Rudolf Steiner, "Philosophie der Freiheit"*

Unübersehbar .. ergibt sich als notwendig, dass das christliche Freiheitselement auch dem Wesen des Kultus, dem Sakramentalismus einverleibt
werden muss.   *Hella Wiesberger, GA 265, S. 19*

Nun, dazumal *(vor der Reformation und im Katholizismus)* handelte es sich darum,
streng festzuhalten an dem Unterschied zwischen Priestertum und Laien-
tum. .. Aber über diese Zeiten ist die Entwicklung hinweggeschritten,
diese Zeit ist nicht mehr da.   *Rudolf Steiner, GA 345, S.36*

Alle Christen sind wahrhaftig geistlichen Stands, und ist unter ihnen kein
Unterschied, denn des Amts halben allein. ...
Was aus der Taufe krochen ist, das mag sich rühmen, dass es schon
Priester, Bischof und Papst geweiht sei, obwohl es nicht jedem ziemt,
dieses Amt auch auszuüben.

Martin Luther, "Vom allgemeinen Priestertum aller Gläubigen" (Übersetzung: V. Lambertz)

Ziehet aus und seid die Lehrer aller Völker und tauft sie im Namen und
mit der Kraft des Vaters, des Sohnes und des Heiligen Geistes.   *Matt. 28:19*

Alle freie Religiosität, die sich in der Zukunft innerhalb der Menschheit
entwickeln wird, wird darauf beruhen, dass in jedem Menschen das
Ebenbild der Gottheit wirklich in unmittelbarer Lebenspraxis .. anerkannt
werde. Dann wird es keinen Religionszwang geben können, dann wird
es keinen Religionszwang zu geben brauchen, denn dann wird die

---

9   Siehe Informationsbuch *"Sakramente heute..."*, S. 146-147.

Begegnung jedes Menschen mit jedem Menschen von vornherein eine religiöse Handlung, ein Sakrament sein, und niemand wird eine besondere Kirche, die äußere Einrichtungen auf dem physischen Plan hat, nötig haben, das religiöse Leben aufrecht zu erhalten. *Rudolf Steiner, 9.10.1918*

Das heißt, dass zunehmend nach der Zukunft hin nicht mehr der eine *(Priester)* für die anderen alle das Opfer zu vollbringen haben wird, sondern dass der eine mit dem anderen gemeinschaftlich das Gleichwerden der Menschen gegenüber dem Christus, der als Sonnenwesen auf die Erde heruntergestiegen ist, erleben soll. *Hella Wiesberger, GA 265*

Die Vorschule für die mystische Vereinigung mit dem Christus ist das Abendmahl - die Vorschule. *Rudolf Steiner, 7.7.1909*

Das ganze anthroposophische Denken ist eigentlich etwas Sakramentales .. Das Denken ist eine Kommunion des Menschen. Die Erkenntnis, wenn sie wirkliche Erkenntnis ist, wird zum Sakrament. *(S.40)* ... Wenn Sie das berücksichtigen, so werden Sie verstehen, dass diese Kommunion, die der Priester hat, auch entwickelt wird von demjenigen, welcher der anthroposophischen Bewegung angehört. *(S. 36)* *Rudolf Steiner, GA 345, 12.7.1923*

Und die Priesterweihe besteht eben darin, dass der Mensch *(durch die Anthroposophie)* so vorbereitet wird zum geistigen Anschauen, dass er überall im sinnlichen Prozeß auch den geistigen Prozeß sieht. *Rudolf Steiner, GA 343, S. 295, 3.10.1921, nachmittags*

Die Christengemeinde *("Christengemeinschaft")* ist etwas für sich Bestehendes. Zur Anthroposophischen Gesellschaft steht die Christengemeinde in keinem anderen Verhältnis als der Katholizismus oder die Quäker. *Rudolf Steiner, 9.12.1922*

Diejenigen, die den Weg einmal in die Anthroposophische Gesellschaft gefunden haben, brauchen keine religiöse Erneuerung. *R. Steiner, 30.12.1922*

Eine kultische Arbeit in der anthroposophischen Bewegung müsse aus demselben geistigen Strom hervorgehen wie die Schulhandlungen, gewissermaßen eine *Fortsetzung* dessen werden, was in Form und Inhalt in der Opferfeier *(mit dem freien christlichen Kultus-Impuls, VDL)* der Schule gegeben wurde. *Rudolf Steiner, GA 269, S. 133*

Diese Handlung *(die Opferfeier)* kann überall gehalten werden, wo Menschen sind, die sie wünschen. *Rudolf Steiner, GA 269, S. 125*

Denn dasjenige, was der Kultushandelnde "hier tut, ... seinen Kultus verrichtet, das hat sein Ursprungsbild in der anstoßenden übersinnlichen Welt, wo, während wir hier ... den irdischen Kultus verrichten, der himmlische Kultus verrichtet wird von der anderen Seite, von den Wesenheiten der anderen Seite des Daseins ... Nur dann ist ein Kultus eine Wahrheit, wenn er diesen realen Ursprung hat." *Rudolf Steiner, 27.6.1924, GA 236/19*

Dieser Gedanke liegt auch dem christlichen Sakramentalismus zugrunde: die Heilung vom spirituellen Plane aus. Ein Sakrament ist eine physische Handlung, die so verrichtet wird, dass in ihr sich ein geistiger Vorgang ausdrückt. *Rudolf Steiner, GA 92, S. 35*

Es ist jedes Wort abgewogen, nicht nur so weit, dass es als Wort da steht, sondern es steht auch jedes Wort an seinem richtigen Orte und im richtigen Verhältnis zum anderen Worte.
Rudolf Steiner, 4.10.1921, Vormittag, GA 269, S. 25

Begegne ich ihm *(dem Du)* so, dass ich bereit bin, mein Bewusstsein (zeitweilig) für ihn zu opfern, dass seine Entfaltung mir also wichtiger ist als die meine, vollziehe ich - indem ich für ihn ersterbe - in gewissem Sinne eine Nachfolge Christi. Dann nah ich ihm in Seinem Namen.
Dann werde ich im gleichen Augenblick von Christus selber zum Priester geweiht: Seine Gegenwart ist Weihe ...
Dieter Brüll, "Bausteine für einen sozialen Sakramentalismus"

Nehmen sie auch so etwas als einen Anfang hin ... wie überall eben aus dem Lebendigen heraus das Kultusartige gesucht werden muss. ...
Etwas Prinzipielles kann es im Leben der Welt überhaupt nicht geben, sondern es kann nur das sich in Leben Wandelnde geben.
Rudolf Steiner, GA 269, S .37

Jedes Sakrament ist eine neue Geburt. *VDL*

Wenn wir heute nicht säen, werden wir morgen nicht ernten. *VDL*

Aus dem Ernst der Zeit, muss geboren werden der Mut zur Tat. *R. Steiner*

Jeder Mensch - werde - ein Priester!" ... "Jedem Seinen Weg!" *Forum Kultus*

Aus der "moralischen Intuition" eines "ethischen Individualismus". *R. Steiner*

Der Christ der Zukunft wird ein Mystiker sein, oder er wird nicht sein.

Eine unmittelbare, persönliche Gotteserfahrung muss gefunden werden...

Karl Rahner
"Im Gespräch", Bd.2, S. 34f

Für den freien christlichen Impuls
darf auch gelten,
was Rudolf Steiner, rückblickend
zum Geist der kultisch arbeitenden "Esoterischen Schule",
während der "Weihnachtstagung" anmerkte :

Es wäre alles
in ständigem Werden zu denken gewesen,
von Tag zu Tag neu,
abhängig nicht von ein für alle Mal
festgeschriebene Prinzipien,
sondern in ständiger Weiterentwicklung
gemäß dem Fortgang der Welt-Evolution,
konkretisiert nicht bloß durch Gedanken,
sondern durch das,
was die beteiligten Menschen tun würden.

Rudolf Steiner, siehe GA 270
Johannes Kiersch, in "Anthroposophie", Weihnachten 2018, S. 314

Denn es beruht das, was geschehen soll,
nicht auf Worten,
sondern auf Menschen,
und nicht einmal auf Menschen,
sondern auf demjenigen,
was diese Menschen tun werden.
Es wird in einem lebendigen Flusse,
einem lebendigen Werden sein (...).
Wie ein Baum im nächsten Augenblicke
nicht mehr das ist, was er vorher war,
sondern Neues angesetzt hat,
so soll diese Sache
wie ein lebendiger Baum sein.

Rudolf Steiner, 15.12.1911, GA 264, S. 433

THESEN UND THEMEN

Es zeigen sich in den Publikationen folgende Positionen
in Bezug auf den freien christlichen Impuls :

▪ HANDELN IN UND AUS FREIHEIT

Seine **WURZELN** sieht das "Forum Kultus" im allgemein("laien")-priester-
lichen, brüderlichen, urchristlichen Handeln .. aus Liebe und Freiheit, aus
einer/der "**moralischen Intuition**" eines "**Ethischen Individualismus**", wie es
Rudolf Steiner in seiner "Philosophie der FREIHEIT" und letztlich in der
ganzen **Anthroposophie**, als "spezifisch anthroposophisch", beschreibt.

▪ LAIENPRIESTERTUM

Angeknüpft wird an das Urchristentum, die "Freiheit des Christenmenschen" (Luther) und damit das "**allgemeine Priestertum**" **aller Getauften.**
(Die Kirche, nicht Christus, hat ein "Priester"-tum installiert und institutionalisiert.)
Für die gegenwärtigen Aufgaben werden Argumente und Zitate
- insbesondere Rudolf Steiners - für ein laienpriesterliches Wirken ange-
führt. [10] und auf die Einsetzung der "Schulhandlungen" für den "freien
christlichen Religionsunterricht" an den "Freien Waldorfschulen" (insbesondere die Sakramente "Opferfeier", "Jugendfeier") und die Übergabe
von laienpriesterlichen Sakramenten / Handlungen an Anthroposophen
(insbesondere Hugo Schuster, Dornach [Bestattung] und Wilhelm
Ruhtenberg, Stuttgart [Taufe, Trauung]) verwiesen.
Diese Handlungen gab **Rudolf Steiner** an "**nicht geweihte**" **Anthroposophen** zum berechtigten, sakramental wirksamen Vollzug.
Für die Handhabung innerhalb des "freien christlichen", laienpriesterlichen Stromes wird die Berechtigung (= "Weihe") dazu als ein *individu-
elles* Berufungsgeschehen [11] angesehen, die durch den Christus individuell dem Strebenden gegeben wird und deshalb nicht textlich fixiert,
oder institutionalisiert werden kann und soll.   *Siehe dazu S. 57ff !*

---

10   http://www.forumkultus.de/warum/--frei--/index.html
11   Natürlich bedeutet "frei"-christlich oder "*laien*"-**priesterlich nicht Dilettantismus,**
Inkompetenz, Narrenfreiheit oder gar Missbrauch. Kultus braucht Ernst, Empathie,
Moral, Demut, Treue, spirituelle und ganz praktisch-liturgische Kompetenz und Schutz !!
(Siehe IfcAG, S.81!)   "**Laie**" meint theologisch nicht den **Dilettanten,** sondern den
"Nichtgeweihten", das urchristliche, "**allgemeine Priestertum aller Christen**", d. h. die
geistliche Gleichheit aller, die prinzipielle - und urchristliche - Berechtigung eines jeden
Christen seinem Mitmenschen auch sakramental beizustehen, wie dies nach Martin
Luther auch Rudolf Steiner wieder aufgegriffen und hier gegeben hat.
Schwarze Schafe ("Wölfe im Schafsfell") und Unfähigkeiten Einzelner können dabei
nicht als Vorwand zur Disqualifizierung / Diffamierung allgemeiner, christlicher Mündig-
keit und Berufung dienen. In Zukunft wird sich ein jeder, so wie speziell den Arzt seines
Vertrauens, auch den Liturgen/Priester seines Vertrauens suchen, wählen ...

• "SAKRAMENTE", NICHT "RITUALE"

Auch allgemein("laien")-priesterlich gehandhabte **Sakramente sind "Sakramente"** (entgegen Ansichten in der "Christengemeinschaft", *die* dafür einen [durch sie] "geweihten Priester" voraussetzen/benötigen). Dabei wird auf Aussagen und die **Praxis Rudolf Steiners** hingewiesen.

Zu betonen ist, dass es sich dabei *nicht* um den von Rudolf Steiner so genannten "kosmischen / **umgekehrten Kultus**" handelt.   (S.a. S.57ff)

• IM LEBENDIGEN WANDEL

Diese Handlungen wurden von Rudolf Steiner als ein "Anfang", als ein werdendes, lebendiges Wesen bezeichnet, die deshalb eine zeitgemäße und bedürfnisgerechte "**Fortsetzung in Inhalt und Form**" verlangten und somit als progressiver dargestellt als die amtspriesterlichen Handlungen der Kirchen, die institutionalisiert, hierarchisiert innerhalb eines "Zwei-Stände-Systems" (von geweihten Priestern und sakramental nicht handlungsberechtigten "Laien") stagniert verharrten. [12]

• FORTGESCHRITTEN - "DIREKTE KOMMUNION"

Neben dem "Allgemeinen Priestertum" ist die "direkte Kommunion" das in der "Opferfeier" **weiterschreitende** Element, gegenüber dem "indirekten" Kultus der traditionellen Messe (auch der "Menschenweihehandlung") :

Indirekt: In der **Kirche** wird 1. Brot und Wein vom Priester gewandelt, die dann dem Kommunikanten gereicht werden und nach Einnahme der Substanzen 2. in ihm wirksam sind und dann auch ihn selbst / seinen Leib und sein Blut wandeln können ("**indirekt**" = über den Umweg der Substanzen). Wirksam ist hier die Wandlung aber nur(!), wenn sie durch einen geweihten Priester vollzogen wird.

Direkt: Bei der **freien christlichen** Handhabung vollzieht sich die Wandlung "**direkt**" ohne (den "Umweg" über) die Einnahme von Substanzen (durch eine Art **Handauflegung**) *direkt* am Leib und Blut des Kommunikanten ("Es wäre unrichtig zu meinen, in der Opferfeier gäbe es keine Substanzen. Sie sind da in der Gestalt des Leibes und des Blutes des Menschen [selbst VDL] ..." *Maria Röschl-Lehrs, "Ritualtexte...", GA 269, S.126*), zudem (kultushistorisch fortschreitend:) brüderlich-allgemein-("laien"-)priesterlich vollzogen.

---

12   *Rudolf Steiner zu Rene Maikowski, GA 269, S. 133.*
"Nehmen sie auch so etwas (wie die Kultushandlungen) als einen **Anfang** hin, und wissen sie, dass da, wo man in ehrlicher Weise einen solchen Anfang will, sich schon auch die Kräfte finden werden zur Verbesserung desjenigen, was in einem solchen Anfange gegeben werden kann. Es wird ihnen aber gerade an diesem Beispiel klar sein können, wie überall eben aus dem Lebendigen heraus das Kultusartige gesucht werden muss. ..." *(Rudolf Steiner, 4.10.1921, vormittags, GA 269)*
Eine kultische Arbeit müsse gewissermaßen eine *Fortsetzung* dessen werden, was in Form und Inhalt in der Opferfeier (mit dem freien christlichen Kultus-Impuls, VDL) der Schule gegeben wurde. *(Rudolf Steiner, GA 269, S. 133)*

· KONFESSIONSFREIHEIT - JEDEM SEINEN WEG

Die "freien christlichen" Initiativen sind KEINE Religionsgemeinschaft, etc., sondern eine *Engagement-Gemeinschaft individuell kultisch Wirkender.*
Religions-/Konfessions-Freiheit ist Prinzip für die religiöse Orientierung/ Aktivität und bedingt somit prinzipiell eine **ökumenische** Gesinnung: *überall da* sein/sich einbringen zu können, wo sich individuell fruchtbare Wege finden .. als "Anthroposoph" bin ich "frei".

Auch die Kirche "Die Christengemeinschaft" wird nicht als Konkurrenz oder "Gegner" angesehen, sondern als einer von notwendiger Weise **vielen unterschiedlichen Wegen**, wenn auch ein diametraler zum freien christlichen Impuls ... aber: Jedem Seinen Weg!

(Doch wenn als "Anthroposoph" in einer Kirche, dann - wie es Rudolf Steiner exemplarisch für die "Christengemeinschaft" forderte - vor allem aus dem übergeordneten [anthroposophischen/geisteswissenschaftlichen] Gesichtspunkt: als "Rater und Helfer" des Priesters / dieses Stromes.)

Wo man auch immer Mitglied / engagiert sein möchte: Das Bestreben solle dahin gehen, dies informiert, fortschrittlich und bewusst zu tun.

· AUCH DER "CHRISTENGEMEINSCHAFT"

Allerdings tauchten bald Missverständnisse, Probleme mit der Kirche "Die Christengemeinschaft" auf:

Nachdem Rudolf Steiner die ersten Sakramente *laienpriesterlich* gegeben hatte, bekam die meisten dieser "universalen" Kultus-Texte fast wortgleich **auch** die Kirche "Die Christengemeinschaft" [13] ; allerdings innerhalb eines amtspriesterlichen, hierarchischen, **kirchlichen Rahmens**, in dem - unveränderbar! - <u>nur</u> ein (von ihr) kirchlich-institutionell geweihter Priester sakramental handlungsberechtigt ist.

Durch die Begründung der "Christengemeinschaft" ist aber der - zwar **eingeschlafene** - laienpriesterliche Strom, dessen Wirksamkeit und die Notwendigkeit **laienpriesterlichen Handelns nicht aufgelöst**, oder unberechtigt geworden, oder die Sakramente gar an diese "übergegangen". Diese Ansicht vertritt auch die Rudolf Steiner-Nachlassverwaltung.

Rudolf Steiners verschiedentliche, pragmatische Inanspruchnahme der "Christengemeinschaft" galt nur für die "**alternativlose Zeit**", in der eben im Moment konkret, praktisch keine kultische Alternative, kein frei-christlich Handelnder zur Verfügung stand, und Steiner - prinzipiell (!) - selbst nicht "priesterlich" tätig sein wollte (durfte!). **Siehe S. 93 !**

---

13 Rudolf Steiner forderte, es als "lehrreich" zu betrachten, dass das *gleiche* Ritual als "Ausdruck *verschiedener* Lebenszusammenhänge" verwendet werden könne! (..anlässlich der freien christlichen Jugendfeier in) *(GA 265, 1987, S. 38).*

CHRISTENGEMEINSCHAFT UND ANTHROPOSOPHEN

Es wird kritisiert, dass die "Christengemeinschaft" - tragischer Weise - zur "Anthroposophen-Kirche" wurde [14], was dem Gründungsimpuls und den Intentionen Rudolf Steiners widerspräche und ihre kultushistorische Aufgabe bis heute verhindere.

Hierbei wird insbesondere auf einen - nicht zu relativierenden - Vortrag von Rudolf Steiner am 30.12.1922 verwiesen *(siehe S. 94)*.

Gründungsauftrag der "Christengemeinschaft" war - als "dritter Block" zwischen den beiden traditionellen Kirchen - , spirituell tiefer suchende Menschen anzusprechen, die aber den Weg *direkt* zur Anthroposophie "noch nicht finden" können, als **"Vorschule"** zur **Anthroposophie** (Anthroposophen brauchen ja keine "Vorschule"!) in einem ihnen gemäßen, noch kirchlichen Rahmen. Aber **diese kamen nicht**... es blieben - tragischer Weise - nur die Anthroposophen... so auch noch heute...

"So muss im strengsten Sinne des Wortes das verstanden werden, dass sich neben der anthroposophischen Bewegung eine andere Bewegung aus sich selbst heraus, nicht aus der anthroposophischen Bewegung heraus begründet hat, begründet hat aus dem Grunde, weil außerhalb der Anthroposophischen Gesellschaft zahlreiche Menschen sind, die den Weg in die anthroposophische Bewegung hinein selbst nicht finden, die später mit ihr zusammenkommen können. Daher muss streng unterschieden werden zwischen dem, was anthroposophische Bewegung ist, dem, was Anthroposophische Gesellschaft auch ist, und demjenigen, was die Bewegung für religiöse Erneuerung ist." (Rudolf Steiner, 30.12.1922)

"Die Sache ist so klar, wie nur irgendetwas.

Die Christengemeinde ('Christengemeinschaft'-VDL) *ist etwas, was mit der Anthroposophischen Gesellschaft nicht das Geringste zu tun hat. Und auch nicht etwas, was mit der Anthroposophischen Gesellschaft zusammenhängt. "* (Rudolf Steiner, 9.12.1922, **15**)

UNINFORMIERTHEIT

Die Klarstellungen Steiners (u.a. 30.12.1922) erreichten die Anthroposophen nur ungenügend, weil zu spät (und teils gar nicht) [16] .. auch wenn es in kleinen, informierten Kreisen (besonders auch durch Marie Steiner) besondere Widerstände gegen die "Christengemeinschaft" gab ...

Die Thematik wurde immer mehr **tabuisiert**, das **Monopol** der "Christengemeinschaft" nicht mehr in Frage gestellt. Uninformiertheit folgte, die

---

14   "...weil es ihr nicht gleich gelingt, unter Nichtanthroposophen Bekenner zu finden, nun ihre Proselyten innerhalb der Reihe der Anthroposophen macht." *(Steiner, 30.12.22)*
15   *Rudolf Steiner, zu den Religionslehrern der Freien Waldorfschule Stuttgart, 9.12. 1922, "Zur religiösen Erziehung - Wortlaute Rudolf Steiners" (vergriffen).*
16   Der aufklärende Vortrag Steiners am 30.12.1922 wurde innerhalb der Gesamtausgabe *(GA 219)* - also für *alle* verfügbar - erst 1927 (!) veröffentlicht.

aktuell Nährboden und Mittel für eine erfolgreiche **Relativierung** der für die "Christengemeinschaft" kritischen Aussagen Rudolf Steiners ist.

▪ DOPPELMITGLIEDSCHAFT

Noch heute kommt die übergroße Mehrheit der Mitglieder der "Christengemeinschaft" **aus der Mitgliedschaft der Anthroposophischen** Gesellschaft und der **Waldorfszene.** Ohne diese wäre die "Christengemeinschaft" quantitativ und finanziell nicht überlebensfähig.
Damit wirke sie außerdem spirituell **kontraproduktiv.**
Der freie christliche Impuls sei der eigentlich "spezifisch anthroposophische" Weg, weil die Anthroposophie eine *interreligiöse* Geisteswissenschaft sei, der ein überkonfessionelles Prinzip, aus der Quelle der Freiheit, gemäß wäre.

▪ TRANSPARENZ

Die vom "Forum Kultus" publizierten Bücher mit den Ritualtexten für die laienpriesterliche Verwendung, sowie alle Veröffentlichungen sind öffentlich (vor allem im **BoD-Verlag**) erhältlich.
Siehe Kap. "Literaturhinweise", S. 117 ff. , zur Herausgabe durch V.D.Lambertz, s. S. 132.
In allen Gruppen / Kreisen herrscht Transparenz und Toleranz.
Machtstrukturen werden abgelehnt, es zählt die **Fachkompetenz** und schließlich die **individuelle Entscheidung** des letztlich Handelnden und somit derjenigen, die jeweils die Verantwortung praktisch ausüben.

Was in der Entwicklung
der Christenheit
als Sehnsucht und Streben nach
Laienpriestertum
immer wieder erstand
- allerdings auch immer wieder verfolgt
und schließlich zum Verschwinden
gebracht wurde -,
das hat hier
durch Rudolf Steiner
eine neue Keimlegung erfahren.

Maria Röschl-Lehrs, GA 265, S. 42

Der Freie Christliche Impuls Rudolf Steiners Heute

DIE SAKRAMENTE

FORUM KULTUS

ARBEITSMATERIAL ZUR KULTUS-FRAGE
KURZ-INFO

DIE SAKRAMENTE
Arznei der Liebe

Wikipedia
Sakrament

Als *Sakrament*
bezeichnet man im Christentum
einen Ritus,
der als sichtbares Zeichen
beziehungsweise als sichtbare Handlung
eine unsichtbare Wirklichkeit Gottes
vergegenwärtigt
und an ihr teilhaben lässt.

Auszug aus WIKIPEDIA, 20.3.2019

SIEBEN SAKRAMENTE

Von Jesus Christus selbst wurde offenbar
nur die Taufe und das Abendmahl direkt eingesetzt,
mit dem Handlungs-Auftrag an uns alle.
(Das glaubt auch die Evangelische Kirche.)

Noch Augustinus sprach aber von 304 Sakramenten
(er verstand das ganze Leben als "Sakrament")
und erst auf dem II. Konzil von Lyon, 1274,
wurde - für die Katholische Kirche - die Siebenzahl festgelegt,

die auch Rudolf Steiner geisteswissenschaftlich
und menschenkundlich begründete und übernahm. *VDL*

So lasset
in Geistes-Wandelung
unseren Leib - unserer Seele Träger -,
unser Blut - unseres Geistes Träger -
werden Seinen Leib,
werden Sein Blut.
ER sprach:
Nehmet hin;
Seine Gnade lasse
uns sprechen:
Nimm hin.

Aus der Opferfeier - Rudolf Steiner

Warum Sakramente ?

Die Sakramente: Arznei der göttlichen Liebe

Die Liebe verbindet uns wieder mit der Quelle,
der Harmonie, der Schöpferkraft, dem Neu-Werden.
Ein besonders wirksames Heils-Werkzeug Gottes ist
die Arznei der Wandlung ins Licht: das Sakrament,
zur Heilung unseres krankmachenden Getrenntseins
vom lebendigen Schöpferwirken und -willen Gottes.
Denn letztlich: Alle Krankheit unseres physischen, ätherischen Körpers,
unserer Seele, wie unseres Geistes
wurzelt in der Nicht-Anbindung an unsere Leben und Harmonie
spendende Schöpfer-Quelle, in der Trennung von Gott ...
Sind wir nicht - mehr oder weniger - herausgefallen aus der Liebe ?

Weil diese Liebe bedingungslos ist,
dürfen auch Seine Liebe-Werkzeuge - die Sakramente -
nicht mit Bedingungen belegt, dogmatisiert werden.
Es wäre Hybris Sein Wirken reglementieren zu wollen.
Sakramente sind keine Herrschaftsmittel, Besitztümer,
sondern vermitteln Gottes unerschöpfliche Gnade und Hingabe,
... den Menschen, die eines guten Willens sind.

Wir können IHN wahr-nehmen, Er-kennen (Evangelium),
wir lassen unsere Doppelgänger los, opfern unser Ego (Opferung)
und können uns dadurch verändern, verwandeln (Wandlung),
um dann wieder gekräftigt, gesundend an unser Höheres JCh
anzuknüpfen, uns wieder mit IHM zu vereinen (Kommunion).

Das Zentralsakrament (hier die Opferfeier, sonst die Messe, etc.)
ist die Quelle aller Sakramente, *jederzeit* aufgreifbar;
die sechs weiteren Sakramente sind die heilenden Wiederverbindungs-
Kraftorte, in den *speziellen Hoch- und Notzeiten*,
an den Kreuzpunkten unseres Lebensweges.

Und letztlich wird das *ganze* Leben zu einer Wandlung hin zu Gott,
durch die Arznei des Sakramentes, Liebes-Gabe Gottes, die auch JCh
aufgerufen bin weiterzuschenken ... : *Werden* auch Sie ein Priester .. !

Gehet hin und lehret .. und taufet ..
Und sehet, JCh bin alle Zeit mit Euch! Matt. 28/19-20

Es ist das Wesen des Sakramentalismus,

dass der Mensch das Alltägliche mit spiritueller Weihe erfüllt. ...
Das ist etwas, was wirksam ist und immer wieder wirksam sein wird.
Wer das weiß, der weiß auch, dass bei unserer Kultur eine Umkehr
notwendig ist.
Man mag sich noch so sehr bemühen, diesen physischen Plan
in Harmonie, in Ordnung zu bringen, es wird fehlschlagen,
solange man nur auf dem physischen Plane arbeitet;
wird auf der einen Seite Harmonie geschaffen, so wird auf der anderen
Seite Disharmonie entstehen. Lassen sie aber das Spirituelle wirken,
so werden sie sehen, dass das Alltägliche in einer ganz anderen Weise
angefasst wird.
Das ist Sakramentalismus.
Dieser Gedanke liegt auch dem christlichen Sakramentalismus
zugrunde: die Heilung vom spirituellen Plane aus.
Ein Sakrament ist eine physische Handlung, die so verrichtet wird,
dass in ihr sich ein geistiger Vorgang ausdrückt. ...
Nichts ist im Sakrament willkürlich. Alles ist bis ins Kleinste hinein
ein Abbild eines höheren okkulten Vorganges.
Derjenige, der ein Sakrament verstehen will, bei dem das Zeremoniell
ein Abbild ist eines geistigen Vorganges, der muss sich bekanntmachen
mit dem, was da zugrundeliegt.
Es ist ein okkulter Vorgang, der den äußeren Augen entzogen ist.
Bei jedem Sakramentalismus vollzieht sich nicht nur etwas Verstandes-
mäßiges, sondern es vollzieht sich etwas,
was eine reale, okkulte Bedeutung hat.
Der Mensch muss wiederum spirituelles Leben schaffen
bis in jeden Handgriff und jeden Schritt hinein;
und das wieder einzuführen, ist die Aufgabe und das Bestreben
der spirituellen Bewegung (der Anthroposophie - VDL).
Der Sakramentalismus der früheren Zeit muss wiederkommen.
Man muss wissen, dass es ein anderes ist, aus dem Geiste heraus
zu handeln, als aus dem Materiellen heraus zu handeln.
Spirituelles Leben wieder ausströmen zu lassen, das ist unser Ziel.

Rudolf Steiner, GA 92, S. 35f

Dasjenige, was im katholischen Dogma liegt,
geht ja auf bestimmte Formen älterer Erkenntnis zurück.
Man stellt sich vor, **dass zwischen Geburt und Tod
der Mensch sieben Stadien durchmacht.**

Erstens die Geburt selber, dann dasjenige, was man das Reifwerden
nennt, die Pubertät, dann das, was man das Bewusstwerden der
Innerlichkeit nennt um das 20. Jahr herum, dann das Gefühl, der Welt
nicht zu entsprechen, nicht ganz Mensch zu sein, das ist das vierte.
Und dann, nicht wahr, das allmähliche Hineinwachsen in das Geistige.
Diese Dinge sind dann etwas schwankend geworden, aber man stellte
sich das ganze menschliche Leben einschließlich des sozialen in sieben
Etappen vor, und man stellte sich vor, dass der Mensch zwischen Geburt
und Tod herauswächst aus dem Geiste...

Diesen sieben Etappen müssen (jeweils) andere Kräfte entgegen-
gehalten werden.
Die Geburt ist eine Evolution, das Reifwerden ist eine Evolution,
jeder Evolutionsform wird eine Involutionsform entgegengestellt:
der Geburt die Taufe, der Pubertät die Firmung.
Jedes Sakrament ist das Inverse zu einer natürlichen Etappe
in der Evolution.
Man kann sagen, die katholische Lehre stellt sieben Evolutionsstufen dar,
denen sie gegenüberstellt sieben Involutionsstufen,
und das sind die sieben Sakramente,
von denen vier irdisch sind, nämlich *Taufe, Firmung, Altarsakrament,
Buße*. Diese vier sind so allgemein-menschlich wie physischer Leib,
Ätherleib, Astralleib und Ich. Wenn sie höher hinaufgehen, kommen sie
zum Geistselbst, Lebensgeist und Geistesmenschen. So wie das Herein-
scheinen aus der geistigen Welt, so sind die drei letzten Sakramente
diejenigen, die in das Soziale gehen: die *Ehe*, die *Priesterweihe*, die
Letzte Ölung. Das Hereindringen der geistigen Welt kommt in der
Priesterweihe zum Ausdruck. Das sind also die sieben Sakramente, von
denen die letzten sind die Letzte Ölung, die Priesterweihe und die Ehe.

Es sind einfach die Sakramente die inversen Vorgänge
für die natürlichen Vorgänge, die sich vollziehen für den Menschen,
und danach sind auch die entsprechenden Kulthandlungen
eingerichtet.

Rudolf Steiner, GA 342, S. 137f
Siehe diesen Beitrag Rudolf Steiners in Gänze im Info-Buch, S. 169 (s. hier S.123)

Aus den Weiten des Himmels
kommende Menschenseele,
die du deinen Fuß
auf eine aus ihren Tiefen
Wärme strahlende
und auf ihrer Oberfläche
von Wind und Wasser umtoste
Erde setzest,
um dich
in einem warmen, festen und flüssigen Leib
zu verkörpern;
hier das Rätsel des Daseins zu empfinden
und die erhabene Gottheit zu suchen
und zu begreifen.
Du betrittst den Schauplatz
von Wasser, Salz und Asche,
von strömender, formgebender und auflösender
Bildekraft.
Eingetaucht und getauft wirst du
in das dreifaltige Urgesetz
dieses Gottessterns.
Nun lebe,
erfahre das Schicksal der Erde
und wende dich
in deinem Dasein,
deinem Wachsen und Werden
in Ehrfurcht zu Gott
dem Vater, dem Sohne und dem Heiligen Geiste.

Kurt von Wistinghausen
zitiert zur Taufe

Die sieben Sakramente

in der Darstellung Rudolf Steiners
und der / unserer freien christlichen Praxis heute

INDIVIDUALITÄT
Im menschlichen Lebenslauf

1 + Geburt   **Empfang**skultus *(Kinder-***Taufe** **)*
    (Physischer Leib)   *(BAPTISMA)*

2 + Erwachen   **Jugendfeier** *(Konfirmation)*
    (Ätherleib)   *(CONFIRMATIO)*

3 + Wandlung   **Opferfeier** *(Gottesdienst - Abendmahl)*
                             als Zentralsakrament
    (Astralleib)   *(EUCHARISTA)*

4 + Erinnerung   **Lebensschau** *(Beichte)*
    (Ich)   *(PAENITENTIA)*

5 + Tod   **Abschiedskultus**
                             Hl. Ölung - Aussegnung - Bestattung
    (Geistselbst)   *(EXTREMA UNCTIO)*

GEMEINSCHAFT

6 + Christen-   Weihe der **Verbindung** *(Priester-Weihe **)*
    Gemeinschaft   (Erwachsenen-**Taufe**)
    (Lebensgeist)   *(ORDO)*

7 + Lebensgemeinschaft   **Trauung** *(Ehe-Weihe)*
    (Geistesmensch)   *(MATRIMONIUM)*

Sie können natürlich auch andere Perspektiven einnehmen.

* Die Kinder-Taufe wird von Rudolf Steiner ausdrücklich nicht als "Taufe",
sondern als Empfangskultus für das Neugeborene angesehen.
** So fände die wirkliche "Taufe", als bewusstes Bekenntnis und Handeln, erst im 6. Sakrament
statt, und ist damit gleichzeitig Aufruf auch zum allgemein-priesterlich-christlichen Wirken.

Siehe alle Sakraments-Texte in :
"DIE SAKRAMENTE in der freien christlichen Fassung Rudolf Steiners heute", BoD-Verlag;
KULTUS-HANDBUCH, in verschiedenen Ausführungen, s. S. 119 / 124.

VERWENDETE RITUALE

Verwendet werden die durch **Rudolf Steiner allgemein-priesterlich**
(= "laien-priesterlich" = jeder Christ ist be*rechtig*t [natürlich muss er auch dazu fähig und willens sein] auch sakramental zu handeln, eine institutionelle "Priester-Weihe" ist nicht mehr nötig [wie schon im Urchristentum])
- für den "Freien christlichen Religionsunterricht" *und*
- an einzelne Persönlichkeiten gegebenen Sakramente und Rituale
- und teils, soweit auch allgemein-priesterlich verwendbar,
  aus Steiners "Vorträgen und Kurse über christlich-religiöses Wirken".

Es stehen alle **SIEBEN SAKRAMENTE** *(in der folgenden Übersicht mit einem* **+** *gekennzeichnet)* und weitere RITUALE *(folgend ◆)* allgemein-priesterlich, frei christlich zur Verfügung (die **Zuständigkeit für die** "Schulhandlungen" [Sonntagshandlung / Jugendfeier] wird bei den Schulen gesehen - *siehe S. 81!*).

Dasjenige, was der Kultushandelnde "hier tut, ... seinen Kultus verrichtet, das hat sein Ursprungsbild in der anstoßenden übersinnlichen Welt, wo, während wir hier ... den irdischen Kultus verrichten, der himmlische Kultus verrichtet wird von der anderen Seite, von den Wesenheiten der anderen Seite des Daseins ... Nur dann ist ein Kultus eine Wahrheit, wenn er diesen realen Ursprung hat." *Rudolf Steiner, 27.6.1924, GA 236/19*

Die Sakramente werden *nicht dogmatisch* gehandhabt, entsprechend dem Hinweis Steiners: "Nehmen sie auch so etwas als einen Anfang hin ... wie überall eben aus dem Lebendigen heraus das Kultusartige gesucht werden muss. ... Etwas Prinzipielles kann es im Leben der Welt überhaupt nicht geben, sondern es kann nur das sich in Leben Wandelnde geben." *Rudolf Steiner, GA 269, S. 37*

Eine kultische Arbeit für / in der anthroposophischen Bewegung muss gar eine "**Fortsetzung**" dessen sein was Rudolf Steiner (mit der Opferfeier) als sakramental Fortschrittlichstes gegeben habe. [17]

Jedes Sakrament ist eine neue Geburt,
den Notwendigkeiten und Möglichkeiten und Bedürfnissen der Empfangenden, wie auch der Liebe, dem Willen, der Gnade der Geistigen Welt entsprechend, individuell und zeitgemäß.

Aber weil in der gemeinsamen Erarbeitung dieser tiefere Grund meist deutlich wird, bleibt es **in der Regel** - aus Einsicht, nicht aus der Vorgabe - beim damaligen **Originalwortlaut Steiners**, trotz "geänderter Zeitlage".

Die meisten Rituale und Sakramente sind (später) *auch* der "Christengemeinschaft" gegeben worden. Im Gegensatz zum "freien christlichen" Impuls sind sie hier aber nur wirksam, wenn sie durch einen geweihten Priester gespendet werden. "Laien" ist dort die Handhabung untersagt.

---

17 Siehe u. a. in: GA 269 (1997), S. 133, Brief Maikowski an Starke.

+ Empfangskultus - Kinder-Taufe

Wilhelm Ruhtenberg (Lehrer an der ersten Waldorfschule in Stuttgart und ehemaliger evangelischer Pastor) erhielt 1921 von Rudolf Steiner das Sakrament der Taufe, laienpriesterlich, nachdem Eltern darum baten.
Bei ihrer Begründung bekam dann später *auch* die "Christengemeinschaft" diesen universalen Sakramentstext.
Das "Forum Kultus", bzw. die "Initiative, freie christliche Arbeits-Gemeinschaft" empfiehlt eine zeitgemäß geforderte, *ökumenische Ergänzung* durch den harmonisch einfügbaren "biblischen Taufbefehl" [18], wodurch die Taufe - im Gegensatz zur von der "Christengemeinschaft" praktizierten Fassung - dann von allen Kirchen anerkannt wird. In der freien christlichen Praxis wird diese ökumenisch anerkannte Fassung von bisher allen Eltern gewünscht und angewandt. *(Siehe Kultus-Handbuch!)*

Diese Taufe wurde von Rudolf Steiner explizit für Neugeborene / Kleinkinder, als ein *"Empfangskultus"* gegeben und ist somit keine wirkliche "Taufe". Deshalb wird dieser Ritus - auch in der "Christengemeinschaft" - nicht für Erwachsene angewendet.
Die Taufen anderer Kirchen werden anerkannt.
Die Frage wird bearbeitet, wie denn nun eine "wirkliche" (Erwachsenen-) Taufe aussehen kann und welches Sakrament dieser entspricht.
Nahe liegt das "Sakrament der Verbindung" *(Steiner)* d.h. der "Weihe".
Siehe weitere Gedanken dazu S. 62 + 64ff !

TEXT: GA 343 (1993), 5.10.1921, vormittags, S. 373-377.
Siehe auch Bearbeitung IfcAG, für eine ERWACHSENEN-TAUFE im Kultus-Handbuch.

◆ Sonntagshandlung für die Kinder

Die Sonntagshandlung wurde von Rudolf Steiner der Waldorfschule für die Kinder des "Freien christlichen Religionsunterrichtes" gegeben und erstmalig am 1.2.1920 in der Stuttgarter "Freien Waldorfschule" gefeiert.
Sie wird laienpriesterlich von dazu berufenen Religionslehrern des "Freien christlichen Religionsunterrichtes" gehalten. Es stehen jeweils drei Handlungshaltende am Altar.
Bei ihrer Begründung bekam dann *auch* die "Christengemeinschaft" diesen universalen Wortlaut.

TEXT: GA 343 (1993), 4.10.1921, vormittags, S. 315-319 und GA 269 (1997), S. 42-44.

Dazu gehört eine spezielle

◆ Weihnachtshandlung für die Kinder

TEXT: GA 269 (1997), S. 47-51, & 4.10.1921, GA 343 (1993), S. 320-323.

---

18   "Ich taufe dich, im Namen des Vaters und des Sohnes und des Heiligen Geistes!", Matt. 28,19. Details (Rolle des Wassers!) siehe Kultus-Handbuch "Die Sakramente..." .

- und ein ◆ **Einschub für die Sonntagshandlung zu Pfingsten**

TEXT: GA 269 (1997), S. 45-46.

✛ Jugendfeier (Konfirmation)

Auch diese wurde der Waldorfschule gegeben und erstmalig Palmsonntag 1921 in der Stuttgarter "Freien Waldorfschule" gehalten. Sie wurde wie die Sonntagshandlung wöchentlich von drei Handlungshaltenden gehalten und zwar zwei Jahre lang.

Bei ihrer Begründung bekam dann *auch* die "Christengemeinschaft" diesen Wortlaut, allerdings leicht verändert und fest mit der "Menschenweihehandlung" verbunden, als Sakrament der "Konfirmation", das hier aber exklusiv lediglich nur einmal erteilt wird.

TEXT: GA 343 (1993), 4.10.1921, vormittags, S. 324-327, s. a. GA 269 (1997), S. 53-61.
Archivnummer der Rudolf Steiner Nachlassverwaltung: NZ 5385-5389.

✛ Opferfeier

Erstmalig fand sie am 25.3.1923 in der Stuttgarter "Freien Waldorfschule" für die Schüler ab Klasse 9/10 statt. Sie wurde von Rudolf Steiner gegeben und eingerichtet, da eine Schülerin vor Ablauf der zwei Jahre Jugendfeier ein Bedürfnis nach einer Fortsetzung des Kultus äußerte.

Die Opferfeier wird ebenfalls von drei Handlungshaltenden gehalten und richtete sich zunächst nur an die Schüler der oberen Klassen. [19]

Sie wurde erstmalig am 30.3.1923, auf Wunsch der Lehrer auch innerhalb und für das Lehrerkollegium, gehalten.

Somit hat Steiner die Opferfeier *nach* der "Menschenweihehandlung" (die - seitens der "Christengemeinschaft" - verschiedentlich als das Fortschrittlichste dargestellt wird, *nach* der nichts mehr kommen könne) gegeben.

Rudolf Steiner bezeichnete die Opferfeier als "Messe-ähnlich".

Nach schriftlicher Überlieferung durch Maria Röschl-Lehrs gab er die Opferfeier als *"vollziehbar für (alle) Menschen, die sie wünschen"*. [20]

Das ist heute die Regel, da nur noch vereinzelt Schüler die Opferfeier besuchen und immer mehr Menschenkreise, meist im privaten Rahmen außerhalb der Schulen und Heime, diese eigenständig feiern.

Die Opferfeier wird im "freien christlichen Impuls" als *"Zentralsakrament"* bezeichnet und ist kultushistorisch gegenüber der Messe (auch der "Menschenweihehandlung") fortentwickelt, aufgrund der Handhabung

---

19   Siehe u. a. in GA 269 (1997), S. 124.
20   Siehe u. a. in GA 269 (1997), S. 125.

der "*direkten Kommunion*" [21] und der *laienpriesterlichen*, brüderlichen und *überkonfessionellen* Verfassung.

Bei der Delegiertenversammlung 1923 tauchte die Frage nach einem Kultus auch für die "Anthroposophische Gesellschaft" auf, da man meinte, dass die "Christengemeinschaft" es mit ihrer Arbeit durch den Kultus leichter habe. Rene Maikowski fragte Rudolf Steiner und erinnerte die Antwort wie folgt: *"Er erklärte, dass dies wohl denkbar sei. ... Es käme auch nicht die Form der Christengemeinschaft in Frage. Er charakterisierte darauf, wie auch später in Dornach* [30.12.1922], *die andersartigen Grundlagen von Anthroposophie und Christengemeinschaft. Eine kultische Arbeit in der anthroposophischen Bewegung müsse aus dem selben geistigen Strom hervorgehen wie die Schulhandlungen, gewissermaßen eine Fortsetzung dessen, was in Form und Inhalt in der Opferfeier gegeben war."* [22]

Die Opferfeier ist gegliedert in 1. Evangelium, 2. Opferung, 3. Wandlung, 4. Kommunion.

Damit entspricht sie prinzipiell der Messe, bzw. auch der "Menschenweihehandlung" der "Christengemeinschaft".

Die ganze Gemeinschaft feiert sie geistlich-spirituell gleichberechtigt, vertreten durch die drei Handlungshaltenden (Sprecher) am Altar.

In der individuell verantworteten und autonomen Handhabung (Einzelner oder Gruppen) ergeben sich unterschiedliche Formen (z.B.: traditionell: frontal, fortschrittlich: im Kreis), in den Waldorfschulen wird sie größtenteils traditionell gefeiert.

TEXT: *GA 269 (1997), S. 63-79.* Archivnummer der Rudolf Steiner Nachlassverwaltung: NZ 3553-3541.
Siehe auch Bearbeitung für einen Einschub zu Gründonnerstag und für eine Totengedenkhandlung: IfcAG, 2008, Kultushandbuch.

+ Lebensschau (Beichte)

Dieses Sakrament wurde durch Rudolf Steiner im Rahmen der "Vorträge und Kurse über christlich-religiöses Wirken" vermittelt.
Im Sinne der Aufforderung Rudolf Steiners, es als "lehrreich" zu betrachten, dass das "*gleiche* Ritual" als "Ausdruck *verschiedener* Lebenszusammenhänge" verwendet werden könne (also auch "frei christlich"),

---

21   In der "indirekten Wandlung / Kommunion" der Kirchen (auch in der "Christengemeinschaft") wird zuerst Brot und Wein gewandelt, dann diese dem Kommunikanten gereicht und mit deren Einnahme dessen Leib gewandelt. Die "direkte Wandlung / Kommunion" wandelt direkt (in der Opferfeier durch eine Art Handauflegung = Berührung der Stirn) den Leib und das Blut des Kommunikanten, also ohne "den Umweg" über die Substanzen Brot und Wein. Siehe dazu Informationsbuch "*Sakramente heute ...*" oder im Kultushandbuch "*Die Sakramente ...*".   Siehe hier S. 42 !
22   GA 269, (1997) S. 133.

wird die laienpriesterliche, freie christliche Handhabung auch dieses Sakramenten-Textes als möglich, berechtigt und sinnvoll angesehen.

Dieses Sakrament findet sich in den "Kursen über christlich-religiöses Wirken".
TEXT: GA 344 (1994), 20.9.1922, vormittags, S. 188.

Sterberitualien:

+ Letzte Ölung

... so auch das *Sakrament* der Letzten -/ Heiligen Ölung.
(Zur Letzten/Heiligen Ölung gehört zuvor die *Lebensschau* und danach die *Opferfeier*, bzw. daraus zumindest die Kommunion.)
Auch dieses Sakrament findet sich erst in den Kursen 1922, in :

TEXT: GA 344 (1994), 21.9.1922, S. 214-217.

◆ Aussegnung / Bestattung

Beide *Rituale* vollzog Hugo Schuster (Anthroposoph und einige Zeit christkatholischer Priester) erstmals am 14.1.1919 am Grabe von Marie Leyh auf dem Arlesheimer Friedhof (Schweiz). Steiner übernahm die nicht-kultische Ansprache. *(GA 261, 1984, S. 225, GA 342, 1993, S. 250)*
Bei ihrer Begründung bekam dann *auch* die "Christengemeinschaft" diese univeralen Handlungen.

TEXT: GA 343, 1993, 8.10.1921, vormittags, S. 520-523.

◆ Kinderbegräbnis

Das Kinder-Begräbnis wurde im März 1923 im Rahmen der "Vorträge und Kurse über christlich-religiöses Wirken" übermittelt. Auch dieser *Ritual*-Text wird im Sinne der Anwendung durch "verschiedene Lebenszusammen-hänge" (s.o.) auch für die freie christliche Handhabung empfohlen.

TEXT: GA 345, 1994, S. 128-141.
Archivnummer der Rudolf Steiner Nachlassverwaltung: NZ 3578-3584.

◆ Einfügung für eine Totenhandlung

Im März 1923 vermittelte Rudolf Steiner in den "Vorträgen und Kurse über christlich-religiöses Wirken" einen Einschub innerhalb der "Menschen-weihehandlung" als eine Totengedenkhandlung für einen Verstorbenen. Im "freien christlichen Impuls" werden diese Texte entsprechend in die "Opferfeier" eingefügt. *(Siehe Kultushandbuch!)*

TEXT: GA 345, 1994, S. 142-145.
Archivnummer der Rudolf Steiner Nachlassverwaltung: NZ 3523-3524.

◆ Urnenbeisetzung

Hierzu praktizieren wir Rituale / Texte von vor allem Rudolf Steiner.

✝ Verbindungs-Weihe (Erwachsenen-Taufe - Priesterweihe)

Der 1922 in den "Vorträgen und Kurse über christlich-religiöses Wirken" vorgebrachte Text der Priesterweihe ist - noch - für die priesterliche Tätigkeit innerhalb der *Kirche* "Die Christengemeinschaft" konzipiert. Hier berechtigt sie - durch den "character indelebilis" ("untilgbares Prägemal") - allein und lebenslang zum sakramentalen Handeln (Hirte-Schafe-Prinzip / Zwei-Stände-System) innerhalb dieser Institution.

In einem laienpriesterlichen Kontext spielt eine/die "Weihe" eine andere Rolle, da diese hier nicht *institutionell* zu verleihen ist, sondern die der Handelnde individuell, entsprechend seiner Berufung, als ein inneres, intimes Ja, direkt durch IHN erfährt, in einem Prozess der immer wieder neu ergriffen werden muss.

Im Sinne des "Allgemeinen Priestertums" und dem Motto "Jeder Mensch ein Priester!" wird der Steiner'sche Text vom (u.a.) "Forum Kultus" als eine *Inspirationsquelle* für einen *universalen* Weihetext angesehen.

Dies lässt fortschreiten von der kirchlich amts-priesterlichen Weihe, zu einer allgemeinen, brüderlich-priesterlichen und "individuell-direkten" Weihe. Diese ist nicht mehr als ein Amt an eine Institution gebunden, die dem Weiheträger exklusive Rechte verleiht, sondern die dem Bedürfnis nach einem bewussten, aktiven, gleichberechtigten, gemeinsamen, geschwisterlichen, individuellen Ergreifen des sakramentalen Dienstes. Dem liegt zugrunde das verbindliche, verbindende Bekenntnis zu Christus, zum Christ-Sein und entspricht somit der/einer "Taufe".

Weil wir als Christen-Geschwister aber ALLE das Ziel vor uns haben können/dürfen, uns untereinander nicht nur sozial, sondern auch kultisch zu dienen, zu helfen, "christlich-aktiv" zu sein, bedeutet dies das "*allgemeine Priestersein*" der Gläubigen ... Das war im Urchristentum so und ist es seit den Erneuerungen der Reformation wieder, und dieses war auch für Rudolf Steiner Grundlage für ein "freies christliches" Handeln.

Entscheide JCh mich dazu, nehme ich eben auch Auf-Gaben wahr, die in bestimmten Kirchen *noch* ein speziell geweihter "Priester" übernehmen *muss*. (Das soll nicht bewertet werden!) Dann trete ich - idealerweise - in einen allumfassenden Dienst ein, der, innerhalb der vielen Berufungen eines christlichen Lebens, eben *auch* ein *sakramentales* Wirken/Beistehen bedeuten/fordern kann.

Das Tor zum Weg zur "Nachfolge Christi" ist die ER-/Bekenntnis-*Taufe*. Deshalb kann in einer Er-/Bearbeitung ein ursprünglich noch exklusiv für eine *bestimmte* Gruppe als "Priester-Weihe" formulierter Text nun zu einer "Erwachsenen-Taufe" und ggf. gleichzeitig "Verbindungs-Weihe" mit IHM erweitert, vertieft werden ...

Siehe die Texte in "Vorträge und Kurse über christlich-religiöses Wirken", 1922.
TEXT: GA 344, 1994, 13.9.1922, nachmittags, S. 97-102.
Siehe Kultus-Handbuch zur Frage der Weihe als "Erwachsenen-Taufe".   Weiter ➜ S. 66 !

✛ Trauung

Wilhelm Ruhtenberg erhielt im Frühjahr 1922 von Rudolf Steiner laien-priesterlich das Sakrament der Trauung.
Auch die "Christengemeinschaft" bekam diesen universalen Wortlaut.
Im "freien christlichen Impuls" wird von den allermeisten Ehepaaren die Verwendung eine die Gleichberechtigung der Ehepartner aufgreifende Formulierung gewünscht und gehandhabt.
Weitere Fragen wirft die gleichgeschlechtliche Partnerschaft / Ehe auf (die nicht grundsätzlich abgelehnt wird), die entsprechende Formulie-rungen bedarf, bzw. ganz neu gegriffen werden muss.

Entgegen allgemeiner Gewohnheit wird empfohlen, *zuerst* den sakra-mentalen Bund zu schließen und dann den juristischen (im Standesamt).

TEXT: *GA 345, 1994, S. 146-157. S.a. GA 345, S. 73 und auch GA 265, S. 36.*
Archivnummer der Rudolf Steiner Nachlassverwaltung: NZ 4964-4969 und GA 265, S. 36.

An den "Vorträgen und Kursen über christlich-religiöses Wirken" (sog. Priester-Kurse) nahmen die Interessenten an der Begründung der "Christengemeinschaft" (viele Theologen/Theo-logiestudenten), die Religionslehrer des freien christlichen Religionsunterrichtes in der Freien Waldorfschule, der Vorstand der AG, sowie verschiedentlich weitere Anthroposophen teil; nur wenige der interessierten Theologen wurden auch Priester der "Christengemeinschaft". *(Siehe GA 343, S. 647-648)*

· · · · · · · · · · · · ·

Die Sakramente anderer Kirchen / Gemeinschaften werden anerkannt, wenn der Empfänger dies wünscht!

Kultisches Handeln ist für die "Initiative, freie christliche Arbeits-Gemein-schaft" **nicht begrenzt** auf allein die *sieben* Sakramente.
Letztlich will die ganzen Anthroposophie, das **ganze Leben Gottesdienst** sein, der aus dem lebendig Gegebenen gestaltet werden soll und kann (z.B. im Umgang mit den Wesen der Natur, mit den Jahresfesten, mit dem Du, im Streben nach Harmonie im ganzen Alltag, überall ...).

Grundsätzlich ist die Spendung der Sakramente ein geschwisterlicher Liebes-Dienst, für den **kein Honorar** verlangt, oder der kommerziell / beruflich, sondern geschenkt und ehrenamtlich ausgeübt wird, um dem ansonsten alle Lebensbereiche ergreifenden und korrumpierenden Mam-mon (Simonie) gerade hier keinen Zutritt und Raum zu geben.

➜ ALLE freie christliche Kultus-Texte finden Sie auch im **Kultus-Handbuch:**
   "DIE SAKRAMENTE
   in der freien christlichen Fassung Rudolf Steiners heute", *s.S. 119/124.*

Werde priesterliches Werkzeug!

Du -
der du uns frei geschaffen hast,
der du alles siehst,
was geschieht -
und dennoch
des Sieges gewiss bist,

Du -
der du jetzt unter uns
der bist,
der die äußerste Einsamkeit leidet,

Du -
der du auch Ich bist,

dürfte ich
deine Bürde
tragen,

wenn
meine Stunde
kommt,

dürfte ich -

Dein -
denn dein Wille
ist mein Geschick,
geweiht -

denn mein Geschick ist,
gebraucht und verbraucht
zu werden,

nach deinem Willen.

Dag Hammarskjöld

Begegne ich Ihm ...

Der theologische Begriff des *Priestertums aller Getauften*
hebt die Differenz zwischen Klerus und Laien,
geistlichem und weltlichem Stand auf.
Insofern gelten hier alle Getauften als gleichrangige Glieder:

Was ausz der Tauff krochen ist, das mag sich rumen,
dass es schon Priester, Bischoff und Bapst geweyhet sey. Luther

Es steht jedenfalls fest, dass bei den älteren (Kirchen-) Vätern
irgendwelche Spuren von einem "character indelebilis"
oder einem "Sakrament" der Priesterweihe nicht nachzuweisen sind,
und wo man Derartiges zu finden meint, handelt es sich um
Missverständnisse. ... Der Nachweis, wie ein Sakrament, von dem
in den ersten vierhundert Jahren in der Kirche nichts wahrzunehmen ist,
von Christus eingesetzt, ja ein "Grundamt der Kirche" sein kann,
muss den Dogmatikern anheim gegeben werden.
Für den Exegeten ist die Sache längst klar.

Hans von Campenhausen 23

Begegne ich ihm *(dem Du* VDL*)* so, dass ich bereit bin,
mein Bewusstsein (zeitweilig) für ihn zu opfern,
dass seine Entfaltung mir also wichtiger ist als die meine,
vollziehe ich - indem ich für ihn ersterbe - in gewissem Sinne
eine Nachfolge Christi.
Dann nah ich ihm in Seinem Namen.
Dann werde ich im gleichen Augenblick
von Christus selber zum Priester geweiht:
Seine Gegenwart ist Weihe
- in diesem Augenblick und für diesen Augenblick.

Im Gegensatz zum Amtspriester, der für sein ganzes Leben geweiht wird,
gilt die Weihe des sozialen Priesters nur für jene Zeitspanne,
in der er "agapisch" einem Mitmenschen begegnet.
Es ist ein inneres, ein mystisches Erlebnis dieses Menschen.
Und nur das, was sich bei der Begegnung mit dem andern ereignet,
gibt Antwort auf die Frage, ob hier ein "Priester" zelebriert hat.
Die soziale Priesterweihe ist ein Sakrament,
das, im übertragenem Sinne,
der Christus unter vier Augen vollzieht.

Dieter Brüll, "Bausteine für einen sozialen Sakramentalismus", S. 138-139.

---

23   *Hans von Campenhausen, "Die Anfänge des Priesterbegriffs in der alten Kirche".*

(Es fand VDL) die Weihnachtstagung zur Begründung
der Allgemeinen Anthroposophischen Gesellschaft statt.
Man kann verschiedene geistige Ereignisse in ihr finden.
Vom kultischen Gesichtspunkt aus ist sie eine Art 'Weihe'
der Anthroposophischen Gesellschaft
durch die anthroposophische Bewegung,
der Michaelsgemeinschaft auf Erden
durch die Michaelsbewegung aus der geistigen Welt,
die Grundsteinlegung aus der göttlichen Trinität
zu einer neuen Würde der anthroposophisch strebenden Individualität.
In ihr ist Hirtentum *und* Königtum miteinander verbunden.

Friedrich Benesch, "Das Religiöse der Anthroposophie...", S. 89.

Es handelt sich hier um Zusammenhänge, die eine Frage
nach der Wirksamkeit ganz neuer Ätherkräfte nahe legen.
Man wird in diesem Zusammenhang daran denken, wie das Blut
des Christus, das am Karfreitag vom Kreuz in die Erde floss, sich
vollständig "ätherisierte" und der Christus-Impuls "als eine Substanz" [24],
als *Christus-Äther,* zu den vier 'alten' Ätherarten [25] hinzutritt.
Als "moralische Äther-Atmosphäre" [26] ist er mit der Moralität
der Menschen verbunden und als neuer *Lebenskeim* der Erde
und der Leiblichkeit der Menschen eingestiftet....
Von *diesem* lebendigen Band umfasst zu werden,
ist die recht verstandene Sukzession.
Das kann man erst durch die Anthroposophie so verstehen
und gewinnt dadurch einen *neuen* (modernen) Sukzessionsbegriff,
für den manches früher entscheidend Wichtige unwesentlich wird.

Michael Debus [27]

Was in der Entwicklung der Christenheit
als Sehnsucht und Streben nach *Laienpriestertum*
immer wieder erstand - allerdings auch immer wieder verfolgt
und schließlich zum Verschwinden gebracht wurde -,
das hat hier *(im "freien christlichen" Kultus VDL)* durch Rudolf Steiner
eine neue Keimlegung erfahren. *Maria Röschl-Lehrs* [28]

An ihren Taten werdet ihr sie erkennen ...
nach Matthäus

---

24 *Rudolf Steiner, "Aus der Akasha-Forschung. Das fünfte Evangelium", 10.2.1914, GA 148.*
25 *Ernst Marti, "Die vier Äther", Verlag Freies Geistesleben, 1981.*
26 *Rudolf Steiner, "Das esoterische Christentum ...", 1.10.1911, GA 130.*
27 *Michael Debus, "Anthroposophie und die Erneuerung der christlichen Kirche".*
28 *Maria Röschl-Lehrs, GA 265, S. 42.*

Berufen

Ihn zu tragen,
ausgesondert
Ihn zu prüfen,
erwählt
Ihn zu leiden,
frei
Ihn zu verneinen,
sah ich,
einen Augenblick,
das Segel
im Sonnensturm,
allein
auf dem Wellenkamm,
ferne,
seewärts fort vom Land.
Sah ich,
einen Augenblick -

Der Einsatz sucht uns,
nicht wir den Einsatz.
Darum bist du ihm treu,
wenn du wartest, bereit.
Und handelst,
wenn du vor der Forderung stehst.

Wie furchtbar,
unsere Verantwortung.
Wenn DU versagst,
dann ist es Gott,
der durch deinen Betrug an Ihm
vor der Menschheit versagt.

JA zu Gott :
ja zum Schicksal
und ja zu dir selbst.
Bereit - wenn ich treffe das Meine -

Dag Hammarskjöld

Eine neue Zeit bricht an,

auch religiös, sakramental, kultisch !
Das 3. Jahrtausend braucht neue Wege, mutige, freie Menschen ...

Die SAKRAMENTE sind eine Arznei für unser vielseitig krankes Menschsein.
Stehen wir uns doch als Christen-Geschwister heilend bei ...
in Demut, und in/aus der Gnade und dem Beistand der Geistigen Welt!

Wenn Sie sich aufgerufen fühlen - wer will / darf Sie hindern? -
in Ihr Leben auch ein kultisches Engagement einzufügen,
und auch selbst Sakramente geschwisterlich, würdig weiterzugeben ...
Sie sollten dem/Seinem Ruf mutig und authentisch nachgehen !
"Aus dem Ernst der Zeit, muss geboren werden der Mut zur Tat!" Rudolf Steiner

Es ist - immer - ein W e r d e n in und aus L I E B E, in Seiner "Nachfolge",
in Geschwisterlichkeit, Demut, Selbstlosigkeit, Empathie .. hin zu IHM,
in Ihrer individuellen Gottverbundenheit .. als doch Sein Werkzeug !

Bestimmen dementsprechend, im Einklang mit IHM, SIE selbst
wie Sie die Hoch- und Notzeiten des Lebens sakramental gestalten,
(selbstverständlich gehört dazu eine innige Schulung, ein liturgisches Wirken-
Können, die Verbundenheit mit IHM), bzw. gestaltet bekommen möchten!

Wenn Sie es nicht tun ... wer tut es denn dann ?

Es wird fehlen,
den Menschen, denen vielleicht gerade Sie helfen sollten,
ja, der ganzen Menschheitsentwicklung .. fehlt ein Impuls ...
Denn ein michaelisches Weiterschreiten braucht weitergehende Wege.
Ein überkonfessionelles, individuell ausgerichtetes, autonomes,
aus der Anthroposophie schöpfendes, freies christliches Wirken
ist ein allseits geforderte Weg in und ist die Zukunft.

Sie können dabei
-- alleine (dazu ist keine Institution, kein "Forum Kultus" nötig!),
   oder gemeinsam arbeiten, handeln;
-- nur für einen konkreten Einzelfall
   oder jederzeit für jeden Fragenden;
-- ggf. sofort oder sich erst einer tieferen Qualifizierung hingeben ...

Letztlich ist es doch Ihr Schicksal und Seine Gnade,
die Sie dann - warum auch immer - konkret fragen, ja brauchen ..
als Sein Werkzeug tatkräftig zu wirken ...
Und DU handelst: authentisch aus Deiner "moralischen Intuition",
autonom aus einem "ethischen Individualismus" (Steiner) ... aus Liebe !
Oder blockiert weiterhin Verzagtheit, Stehenbleiben, Angst unsere Zeit? :
Widersacher, gegen SEIN lebendiges Weiterschreiten!

Lausche auf den Kommenden... !

Bist Du bereit, wenn DU gerufen wirst ? .. dürftest Du Dich verweigern ?

WO ist Gott ?

.. freie christliche Praxis

"Frei", aber gebunden an spezielle Kirchen, Räume, Dogmen,
gebunden an hier oder dort und genau so ... ?
.. denn sonst nimmt Gott mein Beten / Handeln nicht an!?

Wenn ich als Freier Christ, oder als frei christlich Handelnder liturgisch
einen Gott-gemäßen Ort suche ... ist denn Gott überall?

"Gott ist die Liebe! Und wer in der Liebe ist, ist in Gott und Gott in ihm!"
"Wo zwei oder drei versammelt sind in *meinem* Namen,
ja, da bin JCh mitten unter ihnen!"
Bei / mit / in dem ALLES ist alles möglich ...
wenn es aus einem demütigen, liebenden Herzen kommt.

Und so stehen wir wieder vor der "Freiheit"..
und den Möglichkeiten und Bedürfnissen der Handelnden.
"Vorschriften" gibt es ja nicht, nur individuelle Erkenntnis und Reife.

Unsere Chance besteht darin, dass *wir alles* ergreifen können!
Uns binden keine Kirchen, Dogmen, Anweisungen,
nur unser Gewissen, unsere Ver-antwort-ung IHM gegenüber.

Deshalb: Bauen Sie sich Ihren eigenen Kommunikations-/Kommunions-
Raum! Sie selbst werden abzuspüren haben: Bin ich mit IHM?

Ob Sie privat, oder als kultisch Handelnde beten, meditieren, mit IHM
kommunizieren, oder gar als Sein Werkzeug kultisch zu wirken haben:
Gehen Sie mutig: an den See, auf den Berg, in den Wald, an den Strand,
oder ins Wohn- oder Krankenzimmer, oder eben auch in eine Kirche
(und zwar egal welcher Konfession), einfach dorthin, wo SIE IHN finden,
wo und wie Sie das authentisch und wirksam können und als würdig und
stimmig empfinden ... und das Herz sich IHM öffnet ... !

Warum eine "Kirche" (als Raum oder Institution oder Lehre) wählen,
zu der Sie / die Betroffenen keine Beziehung haben?

Suchen Sie also ihre ganz individuellen, authentischen Räume,
die Geist und Seele emportragen und Sie mit IHM vereinen!
Lauschen Sie hin, wo und wie ER durch Sie wirken möchte!
Seien Sie demütig-mutig für Neues, denn: "nicht mein Wille geschehe"...
Durch IHRE eigene "moralische Intuition" weist ER Ihnen die Wege.
Stellen Sie sich IHM zur Verfügung, dass ER durch Sie wirken mag!
Denn .. ER braucht Menschen-Werkzeuge für Sein Handeln!
Wagen Sie sich auf Seinen Weg!

und sehet: JCh bin alle Zeit mit Euch! Matt. 28/20

Sieh nicht, was andre tun,
der andern sind so viel,
du kommst nur in ein Spiel,
das nimmermehr wird ruhn.

Geh einfach Gottes Pfad,
laß nichts sonst Führer sein,
so gehst du recht und grad,
und gingst du ganz allein.

Verlange nichts von irgendwem,
laß jedermann sein Wesen,
du bist von irgendwelcher Fehm
zum Richter nicht erlesen.

Tu still dein Werk und gib der Welt
allein von deinem Frieden,
und hab dein Sach auf nichts gestellt
und niemanden hienieden.

Die zur Wahrheit wandern,
wandern allein,
keiner kann dem andern
Wegbruder sein.

Eine Spanne gehn wir,
scheint es, im Chor ...
bis zuletzt sich, sehn wir,
jeder verlor.

Selbst der Liebste ringet
irgendwo fern;
doch wer's ganz vollbringet,
siegt sich zum Stern,

schafft, sein selbst Durchchrister,
Neugottesgrund -
und ihn grüßt Geschwister
Ewiger Bund.

Christian Morgenstern

DER FREIE CHRISTLICHE IMPULS RUDOLF STEINERS HEUTE

GESCHICHTE

FORUM KULTUS
ARBEITSMATERIAL ZUR KULTUS-FRAGE
KURZ-INFO

GESCHICHTE

Immer wieder gab es in verschiedensten Orten Arbeitskreise von Anthroposophen, die an der Frage - vor allem der **eigenen** - **Bestattung** arbeiteten, weil sie **nicht von der Kirche** "Die Christengemeinschaft" bestattet werden wollten. So auch (in den 1990ern) in Unterlengenhardt.

Innerhalb der "Anthroposophischen Gesellschaft" und der "Freien Hochschule für Geisteswissenschaft" wurde die Frage nach einem *"spezifisch anthroposophischen"*, sakramentalen Kultus seit Begründung der "Christengemeinschaft" nicht mehr aufgeworfen.

Denn nachdem bis 1922 zusätzlich die "Christengemeinschaft" die - von Rudolf Steiner zuallererst frei christlich gegebenen, aber *universalen* und somit überkonfessionellen - Sakramente / Kultustexte *auch* bekam, wurden diese von ihr **monopolisiert** und **tabuisiert**, die Infragestellung als Hybris zurückgewiesen. Und so war bald - bis in die 90er Jahre - ein alternatives, freies christliches Handeln nicht mehr bekannt und möglich; ein sakramentales Handeln (mit Ausnahme der "Schulhandlungen" in den Waldorfschulen/Heimen) wurde unreflektiert **nur** noch der "**Christengemeinschaft**" **zugestanden**.

Um diesen Fragen grundsätzlich nachzugehen begründeten Pfingsten **1996 in Unterlengenhardt** - auf Einladung von Volker David Lambertz und Dorothea Kroschel [† Pfingsten 2019] - kultisch engagierte und interessierte Anthroposophen (insbesondere freie christliche Religionslehrer, Waldorflehrer, Altenpfleger, Heilpädagogen, u.a.) auf der spirituellen Ebene der "Freien Hochschule für Geisteswissenschaft" (auch unter Mitwirkung von "Lektoren" der 1.Klasse), als einen überregionalen, allerdings autonomen Arbeitskreis den "**Initiativ-Kreis Kultus**", das spätere "**Forum Kultus**", von dem dann das "Kultus-Handbuch" (mit allen freien christlichen Sakramentstexten Steiners) herausgegeben wurde.

Als Kultus-Verantwortungs-Trage-Gemeinschaft will sich die "**Initiative, freie christliche Arbeits-Gemeinschaft**" bilden.

Inzwischen arbeiten *verschiedene* Anthroposophen ganz individuell oder in autonomen Gruppen mit den "freien christlichen" Sakramenten!

Die Initiativen verstehen sich als ein "**IMPULS**" *(siehe folgend Kap. "Organisation")*.

Viele frei christlich Aktive / Gruppen sind individuell, autonom, oft im privaten Rahmen und oftmals (auch uns) relativ unbekannt tätig.

Auch das "Forum Kultus" ist nur <u>ein</u> Angebot, das inzwischen insbesondere die Beratungs- und Öffentlichkeitsarbeit aufgegriffen hat.

Das "Büro" des Forum Kultus befindet sich z. Z. in Wahlwies am Bodensee **29,** *siehe S.133 !*; die Arbeits-Treffen finden z. Z. vor allem in Salzburg statt.

---

29   Bitte informieren Sie sich jeweils aktuell! Der Impuls befindet sich in einem permanenten Werden und der Anpassung an das lebendig Erforderliche und Erfragte!

DER FREIE CHRISTLICHE IMPULS RUDOLF STEINERS HEUTE

ORGANISATION

FORUM KULTUS
ARBEITSMATERIAL ZUR KULTUS-FRAGE
KURZ-INFO

ORGANISATION

Kann - und soll - man Freiheit organisieren ?

Der "freie christliche Impuls" ist keine Organisation / Institution sondern ein geschwisterlicher, **autonomer, individueller** "**IMPULS**" diesbezüglich "tätig sein wollender", kultisch engagierter Anthroposophen.

Es gibt kleinere und größere, bekannte und unbekannte Kreise von Anthroposophen, die, je nach dem nur aus gegebenen Anlass oder auch dauerhaft, in einem organisatorischen oder inhaltlichen Zusammenhalt, aber in der Regel doch **unabhängig, eher privat** und klein als "ARBEITSKREISE" mit dem Impuls, den Fragen eines überkonfessionellen, anthroposophisch vertieften, laienpriesterlichen, sakramentalen Handelns umgehen. Dabei wird verschiedentlich nur mit einem speziellen Sakrament (meist der Bestattung), oder mit mehreren, oder auch mit allen sieben gearbeitet. Sie stehen selten miteinander in Kontakt und handeln individuell und autonom in eigener Verantwortung. Dadurch ist dieser Impuls ein **dezentraler** und wird **unterschiedlich aufgegriffen**.

Was sie eint ist das Bedürfnis **als Anthroposophen** für die Hoch- und Notzeiten des Lebens den - individuell interpretierten - "freien christlichen" Kultus, **die von Rudolf Steiner erfassten Sakramente** zu erarbeiten und geschwisterlich und autonom ggf. zu praktizieren.

Zum Verständnis könne man diese Aktivitäten vergleichen mit z. B. dem biologisch-dynamischen Landwirtschaftsimpuls Rudolf Steiners: Dieses Weisheitsgut kann und soll jedermann aufgreifen. Man *muss* dazu nicht staatlich oder seitens des/eines ("Demeter"-)Verbandes anerkannter/ zertifizierter Landwirt/Gärtner, oder irgendwo Mitglied sein. Prinzipiell kann/sollte ein jeder in z. B. einem Garten individuell, oder in Gemeinschaft auf einem Hof, oder wie es eben real ergriffen wird, diesen heilenden, ja überlebens-**not**-wendigen Impuls aufnehmen, praktizieren, zum Wohle und für die Zukunft von Erde und Menschheit...

So ist auch ein "freies christliches" Handeln als ein *freiheitlicher* "Impuls" (diametral zu einer "Kirche") eine "**Bewegung**" (s. S. 15!), die sich zudem in einem **permanenten Werden und damit Verwandeln** befindet; und deshalb **quantitativ und äußerlich schwer fassbar** und ansprechbar, weil diesen Impuls **jeder individuell aufgreifen kann** [30] und der in der Regel **nicht organisiert** ist; bis auf wenige Kreise / Akteure - wie u. a. das Angebot des "**Forum Kultus**", oder Volker David Lambertz dadurch, dass er auch öffentlich / publizistisch und im "Büro" des Forum Kultus wirkt.

---

30   Die Texte stehen - da veröffentlicht und öffentlich - jedem Suchenden zur Verfügung ... so auch jedem Missbrauch... Aber das kann und darf kein Argument gegen die Freiheit sein! Das ist das Risiko der "Freiheit"... Wie sollte man auch eine (unwürdige) Handhabung verhindern? Die Verantwortung liegt nun direkt beim Handelnden (und lastet ggf. auf seinem Karma) ... gebaut auf dem Vertrauen (wie ich mir auch ganz individuell meinen Arzt suche) zwischen Fragenden und Antwortenden.

Verschiedene Kreise

Unsererseits beinhalten z. Z. die
"Initiativen für ein freies,
anthroposophisch + sakramental vertieftes Christ-Sein heute"
als ein öffentlich tätiger Kreis, *speziell* aus der *anthroposophischen* Perspektive und eigens für eine **anthroposophische Klientel**, den

★ Förderkreis *"FORUM KULTUS"*,
der die Thematik aufgegriffen, erarbeitet und veröffentlicht hat und nun *vor allem* als ein Dienstleistungs-BÜRO beratend arbeitet, ein FORUM, mit dem Ziel ein **NETZWERK** Interessierter und Tätiger zu schaffen und deren Wirken und den "freien christlichen" Kultus-Impuls zu unterstützen.

Für die *liturgische* Verfügbarkeit, Praxis, Qualität und Erarbeitung und vor allem als spirituelle **Kultus-Verantwortungs-Trage-Schale**, Schulungskreis und **verbindliche Gemeinschaft** von Kultus-Handelnden und Garant für die von Rudolf Steiner formulierten sieben, "freien christlichen" Sakramente, soll eine

★ *"INITIATIVE, FREIE CHRISTLICHE ARBEITS-GEMEINSCHAFT"* wirken.

In beiden Kreisen geschieht die kultische Arbeit zwar als Anthroposophen, aber **autonom** von der "Anthroposophischen Gesellschaft", jedoch auf der spirituell qualitativen Ebene der "Freien Hochschule für Geisteswissenschaft", da die Anthroposophische Gesellschaft als eine *interreligiöse*, selbst nicht eine *bestimmte* religiöse, kultische Perspektive oder Praxis vertreten oder unterstützen kann.
Die Handlungshaltenden / alle Kreise tragen sich finanziell selbst; Spenden für die allgemeine Arbeit sind möglich, jedoch prinzipiell nicht für den sakramentalen Dienst.

Außerdem arbeitet *autonom* davon als ein **überkonfessionelles NETZ-WERK für Jedermann** (ökumenisch, allgemein für *jeden* Christen, also *nicht speziell* für eine *anthroposophisch* orientierte Klientel) für ein freies, kirchenübergreifendes, individuell orientiertes Christ-Sein die Initiative

★ *"FORUM FREIER CHRISTEN"*.

Jetzt haben wir erneut eine Chance.
Und ich meine, lasst uns bloß alle mitwirken,
damit diese Chance nicht erneut vom Tisch gefegt wird. ...
Wir müssen selbst den Anfang machen. Michael wartet ab.
Sobald man aber Mut fasst und etwas anfängt, dann hilft er.

Bernard Lievegoed, in INFO-3, 1990

Nische Waldorfschule

Öffentlich augenfällig und relevant sind die innerhalb der *FREIEN WAL-DORFSCHULEN* und der anthroposophisch *heilpädagogischen Heime* gehaltenen, "freien christlichen **SCHUL-HANDLUNGEN**".

Rudolf Steiner richtete mit Beginn der ersten Freien Waldorfschule in Stuttgart, im September 1919, den "**freien christlichen Religionsunterricht**" ein, für all die Schülerinnen und Schüler, die keinen von den Kirchen angebotenen Religionsunterricht besuchten.

Zu diesem Unterricht gehören: die "**Sonntagshandlung**" für die Kinder, die "**Jugendfeier**" (Konfirmation), die - später für alle **geöffnete** - "**Opferfeier**".

(Siehe die Daten dazu im Kap. "Verwendete Rituale", S. 57ff. !
Siehe auch in Anthro-Wiki.at : https://anthrowiki.at/Freier_Religionsunterricht)

" ... man kann durch allen anderen Unterricht ein ganzer Mensch geworden sein - etwas braucht man dann doch noch, ... : die religiöse Vertiefung ..." (Rudolf Steiner, GA 307).

Während mit Begründung der Kirche "Die Christengemeinschaft" die freie christliche Taufe, Trauung, Bestattung für Jahrzehnte untergingen, überlebten die *offiziellen* "Schulhandlungen", mit dem "freien christlichen Religionsunterricht", in der Nische der Waldorfschulen.

Leider ist festzustellen, dass heute ein Großteil der Schulen/Heime die Handlungen, mangels Nachfrage seitens der Schüler und der Bereitschaft der Lehrer, nur noch selten oder nicht mehr anbieten.

Verantwortlich für diesen Religionsunterricht, mit seinen kultischen Handlungen, *innerhalb* **der Freien Waldorfschulen** (nicht für Taufe, Trauung, Bestattung!), ist das "**Internationale Religionslehrerkollegium**" innerhalb der "Pädagogische Sektion der Freien Hochschule für Geisteswissenschaft" am Goetheanum (Dornach/Schweiz), in dessen und der betreffenden Schule/Institution **Auftrag** die Handlungshaltenden tätig sind und dafür ein Beauftragungs-Zertifikat erhalten (was aber mittlerweile nicht mehr an allen Schulen/Heime so gehandhabt wird).

Die Religionslehrer bilden - in der Regel - in den Schulen/Heimen ein eigenes, unabhängiges "Religionslehrer-Kollegium". Sie wählen autonom neue Kollegen, die dann vom Internationalen Religionslehrerkollegium in der Pädagogischen Sektion bestätigt und zertifiziert werden.

Um die Beziehungen zur "Christengemeinschaft" nicht zu belasten, pflegt das Internationale Religionslehrerkollegium keinen Kontakt mit autonom, frei christlich Wirkenden, bzw. dem "Forum Kultus". *(S.a.: S. 14,15!)*

Die Schulhandlungen werden gegenwärtig weiterhin von / *in* den Schulen/Heimen gehalten, während Taufe, Trauung, Bestattung, Opferfeier auch *außerhalb* einer Institution aufgreifbar sind.

Gemeinschaft bauen

Wo zwei oder drei in meinem Namen versammelt sind,
da bin JCh mitten unter ihnen!

Ein aus der Verantwortung eines individuellen Handelns getragener
Impuls bedeutet nicht die Reduktion auf solistisches Agieren.
Jedes christliche Kultus-Wirken braucht Seine Kraft, und das ist die Kraft
des Lichtes - Erkenntnis - und der Liebe - Gemeinschaft - .

So ist für die frei christlich Tätigen (als aktive Mitglieder der Anthroposophischen Gesellschaft) **Ort der Gemeinschaftspflege** in der Regel
auch weiterhin die Anthroposophische Gesellschaft, Arbeitskreise, bzw.
die Freie Hochschule für Geisteswissenschaft.

Die geschwisterliche Gemeinschaftsbildung für die Kultus-Arbeit und die
Verantwortlichkeit füreinander wird in den speziellen *Kultus-Arbeits-
kreisen* unterschiedlich gepflegt, weil "Religion Privatsache des Einzelnen" *(Rudolf Steiner)*, bzw. der entsprechenden Gemeinschaft ist.

Für die Zusammenarbeit in diesen Kreisen werden dementsprechende,
freiheitliche, soziale, empathische Formen / Verantwortungen gesucht.

So auch im "Forum Freier Christen", das *jedem*, der konstruktiv als Christ
mitarbeiten will, offen steht.

In den "Initiativen für ein freies, anthroposophisch + sakramental vertieftes Christ-Sein heute" wirken die, die sich als **Anthroposophen** zu den
"**LEITSTERNEN**" *(s. S. 33)* bekennen.

Die "INITIATIVE, FREIE CHRISTLICHE ARBEITS-GEMEINSCHAFT" gründet dazu
in einem *verbindlichen* Willen, dem freien christlichen Impuls zu dienen.

Hier soll zudem versucht werden einzugehen auf :
- die Methode der Empathischen / "**Gewaltfreien Kommunikation**"
  von *Marshall B. Rosenberg*,
- den **Sozialimpuls** *Rudolf Steiners*, mit der "**Dreigliederung**
  des sozialen Organismus",
- die "Drei Säulen" (Beten + Lernen + Arbeiten, aus dem "**ora et lege et
  labora**" des christlichen Mönchstromes, anthroposophisch ergriffen
  und erneuert) durch *Karl König* mit dem "Camphill"-Impulses . [31]
- Anregungen aus der "**Gemeinschaftsbildung**" von *M. Scott Peck*.
- Die spirituelle Verbundenheit wurzelt im "**Esoterischen Jugend-Kreis**",
  den *Rudolf Steiner* als tiefstgehende Gemeinschaftsbildung,
  insbesondere durch eine spezielle Meditation, vermittelte.

Fundament und im Mittelpunkt sind überall die kultischen,
sakramentalen Handlungen und die Verbindung zur Geistigen Welt,
des Einzelnen und in und als Gemeinschaft.

---

31   Siehe das Buch "Gemeinschaft bauen ... ", *siehe Literaturhinweise, S. 121.*

Ein neues Gebot gebe JCh euch:
Liebet einander, wie JCh euch geliebt habe. Joh. 13,34

Wahre Gemeinschaftsbildung ist ein Mittel
zur Herbeirufung helfender göttlicher Kräfte,
sie ist schließlich ein Mittel zur Verwirklichung
des neuen Kommens Christi selbst.

Emil Bock, "Michaelisches Zeitalter"

Menschen finden sich,
die einen Impuls gemeinsam haben.
Ein Impuls ist eine konkrete geistige Kraft,
die als ein reales Ideal
Besitz von ihnen ergriffen hat
und dem sie ihr Leben weihen wollen.
Diesen Impuls haben sie auch in dem Andern erkannt,
und sie treten zusammen zu dem Gelöbnis,
dieser Kraft, die sie als ein Höheres,
als etwas im Verhältnis zum Menschen
Vollkommeneres erleben,
die Treue zu halten
und einander in diesem Streben zu unterstützen.
So bilden sie eine Schale,
die das lebendige Wirken dieser Kraft auffängt.
Es ist die Form, die dem Geist erst Macht verleiht. -
Im Gegensatz zur "Gemeinschaft"
stehen die Gefährten mit dem Rücken zueinander:
Jeder steht in seinem eigenen Arbeitskreis.
Man braucht einander nur selten zu begegnen.
Aber bei jedem Schritt im Leben spürt man
die geistige Anwesenheit aller anderen:
mahnend oder helfend,
um die Situation im Sinne des Impulses
zu meistern. ...

Dieter Brüll, "Bausteine für einen sozialen Sakramentalismus", S. 164

JEDEM SEINEN WEG !

Kein Mensch, kein Weg gleicht dem anderen.
Wir steigen zwar alle den gleichen Berg hinauf;
doch der eine vom Norden, der andere vom Süden,
der eine über Abhänge und unter Lawinen,
der andere in der Sonne, über blühende Wege,
der eine noch ziemlich unten, der andere schon höher...;
ein jeder seinen ganz speziellen, individuellen Weg
zu Gott,
auch wenn mancher dabei in manche Sackgasse gerät...
So schildern, bzw. bestehen wir zwar oftmals
auf die allein richtige "Wahrheit" unserer Aussicht;
aber es sind doch immer nur
meine Perspektiven, Teilwahrheiten.
Je höher und näher wir dem Gipfel kommen,
desto größer und objektiver wird die Übersicht,
bis wir vor und in IHM - dem ALLES - stehen...
Denn nur alle Wege zusammen ergeben
das/den Alles, "die Wahrheit"...
So lasst uns im Westen den im Osten,
oder Süden, oder Norden, oder unter, oder über uns..
nicht be- oder verurteilen ..
er ist genauso wie wir: auf dem Weg
zu IHM.
Lasst uns mit- und voneinander lernen!
Und wenn Du auch immer wieder aus- / wegrutschst...
Du bist nicht der Einzige..
helfe dem neben dir Stürzenden;
stehe immer wieder auf und gehe - an Seiner Hand - ,
den "schmalen, steilen Pfad", aufwärts...!
Natürlich.. haben wir auch die "Freiheit"
- bewusst oder unbewusst, manipuliert -
abwärts zu gehen...
Dann sortieren wir uns eben selbst aus .. ins Nichts ...
Aber, DU bist nicht der Richter !   VDL

FORUM
FREIER ⚜ CHRISTEN

ÖKUMENE = Gott ist der ÜberInAllem !

Ja, wie soll auch EINE spezielle Religionsgemeinschaft ALLES und die GANZE Wahrheit bieten können, **ein einziger Weg, der alle beinhaltet?**
Gibt es denn überhaupt DIE einzige Perspektive / "Wahrheit"?
Hat denn nun "der im Norden, oder der im Süden" *Recht*, oder ALLE?
Ist denn Gott nun katholisch ... (ja was jetzt: römisch-, christ-, alt-, uniert-, liberal-, oder gar unabhängig-katholisch .. [gibt es alles!] ;-) ?
... und wenn doch nicht?
Gott ist eben <u>nicht</u> katholisch oder evangelisch, oder ...
und Gott ist auch nicht Hindu, Buddhist oder Moslem ...
Gott ist der Schöpfer von ALLEM!
Warum gibt es so viele Wege zu IHM?: Weil wir alle so verschieden sind!
Und natürlich hat auch der Widersacher seine Hände im Spiel...

Wenn *wir* davon ausgehen, dass ein jeder schon einige/viele Leben gelebt hat (Reinkarnation), hat er auch verschiedenste Erfahrungen gesammelt, aber, weil er noch nicht am Ende seines Weges angekommen ist, sind noch verschiedenste Perspektiven / zu bearbeitende Doppelgänger/Schattenseiten und Aufgaben offen, und damit Einseitigkeiten.

Wie und wo kann ich nun die not-wendigen Bedürfnisse und meine Einseitigkeiten, Möglichkeiten bearbeiten, ausgleichen, erfüllen, erlösen?
Wenn alle diese in einer einzigen christlichen (wir gehen *hier* davon aus, dass der *Christus*-Impuls als der - für uns - richtige erkannt ist) Kirche / Religionsgemeinschaft zu befriedigen sind, dann habe ich Glück ..
Ist das die Regel? Wenn nein, habe ich dann die "Freiheit", **überall dort das zu bekommen und zu geben** (!), **wo das ist was ich brauche, bzw. einzubringen was mir möglich ist** ? (... *kirchenrechtlich* natürlich nicht...)

Das ist das Anliegen und konkrete Tun "F r e i e r C h r i s t e n" :
Ökumenisch Christ-Sein in der vielgestaltigen Familie des Christus.
Und zwar: Wo und wie J C h will ! , was ich aus der eigenen "moralischen Intuition" *(Steiner)* erkenne, als in Harmonie mit der Geistigen Welt.

Das verlangt und ist ein über-konfessionelles Leben und Handeln, auf dem Weg zu IHM, dem Alles + ÜberAll ...   unabhängig einer rechtlichen Zugehörigkeit zu einer speziellen Kirche! : "frei + christlich" ... :

IHN aufzugreifen, ÜBERALL wo Sein Liebe-Licht scheint, wo ER real anwesend / zu finden ist ..
und JEDEM überall zu schenken, was ich durch IHN habe !

WIR sind *freie* Christen! Der überkonfessionelle, "freie christliche", *"spezifisch anthroposophische Weg"* ist *uns* einer, der FREI lässt ...!

DER FREIE CHRISTLICHE IMPULS RUDOLF STEINERS HEUTE

KRITIK

FORUM KULTUS
ARBEITSMATERIAL ZUR KULTUS-FRAGE
KURZ-INFO

KRITIK

★ Seitens der ANTHROPOSOPHISCHEN GESELLSCHAFT

wird bisher im Sinne eines freien Geisteslebens und freier Religionsausübung sowie der Notwendigkeit der **Neutralität** die Thematik nicht
offiziell behandelt oder beurteilt; bei Fragen wird meist auf die
Religionsfreiheit des einzelnen Mitgliedes verwiesen.
In den Anfängen des Impulses regte sich verschiedentlich heftige Kritik [32]
allerdings privat, nicht offiziell, seitens einzelner "**Doppelmitglieder**"
(= die gleichzeitig Mitglied der "Anthroposophischen Gesellschaft" _und_ Mitglied
[Interessensvertreter] der "Christengemeinschaft", bzw. deren Priester sind).

★ Seitens der (evangelischen / katholischen) KIRCHEN
und des "Ökumenischen Rats der Kirchen"

besteht auf persönlicher Ebene vielfach ein **konstruktiv** interessiertes
Wahrnehmen. Besondere Verbundenheit besteht u. a. mit der ökumenischen Gemeinschaft von Taizé ("Communauté de Taizé"). Innerhalb
des protestantischen Stromes ist das "allgemeine ("Laien")-Priestertum"
sowieso konstitutiv und theologisches Axiom.
Die geschwisterliche, **ökumenische Praxis** des "Forum Kultus" fruchtet
auch darin, dass z. B. die frei christlich vollzogene Taufe (der "Initiative,
freie christliche Arbeits-Gemeinschaft") seitens der Kirchen anerkannt
wird, die z.B. der "Christengemeinschaft" aber nicht.

★ Seitens der Kirche DIE CHRISTENGEMEINSCHAFT

gab es anfangs - und immer wieder - **heftige Kritik**,
besonders u.a. vom "Lenker" der "Christengemeinschaft" Hans-Werner
Schroeder und vom em. Leiter des Priesterseminars Michael Debus. [33]
Sie besteht [34] aus einer negativen Beurteilung und eine **prinzipielle Ab-
lehnung** des freien christlichen Impulses im Forum Kultus, das angeblich
"**ihre**" Sakramente illegal benutzen würde und das **Monopol** der
"Christengemeinschaft" als "Anthroposophen-Kirche" in Frage stellt.

(Siehe folgend: "Kritik konkret" - b.w.)

---

32   Siehe Zeitschrift *"Das Goetheanum"*, 1999.

33   Hans-Werner Schroeder in der Zeitschrift "Die Drei" 2/1999.

34   Verschiedene **hier wiedergegebene Einstellungen/Einschätzungen/Aussagen
der** "**Christengemeinschaft**", d.h. aus deren Hierarchie/Priesterschaft, wurden/werden
nicht öffentlich erhoben, sind aber - mir [VDL] vorliegende - **Interna** von Informanten
(Priestern/Funktionsträgern/Mitgliedern) aus der "Christengemeinschaft", die selbstverständlich (!) nicht genannt werden wollen und dürfen...
Ob die Kritik der "Christengemeinschaft" un-/berechtigt ist,
ersehen Sie selber, auch aus dem in diesem Buch Vorgetragenem!

EXKURS: Problem "Christengemeinschaft"

Kritik konkret aus der "Christengemeinschaft" [34]

Es sollen nun hier keine unguten **Kontroversen** geschürt werden!
Weil aber über diese Thematik eine ganz besondere Uninformiertheit und leider auch Desinformiertheit besteht und weil vor allem dadurch auch der "freie christliche Impuls" oft unaufgeklärt abgelehnt wird, sollen hier doch kurz, exemplarisch einige typische **Argumente** aus der "Christengemeinschaft" (■) aufgegriffen und aus *unserer* Perspektive (➜) erläutert werden, wo z. B. behauptet wird :

Glaubenssätze

■ Die (ursprünglich laienpriesterlich gegebenen und gehandhabten) Sakramente (vor allem Taufe, Trauung, Bestattung) seien mit Begründung der "Christengemeinschaft" an diese **übergegangen** und deshalb nur noch **amtspriesterlich** und nur durch sie berechtigt zu spenden.

➜ "Es ist **niemals** für die Rituale, die für die Schule da sind, etwas ausgesprochen worden, dass sie der **Priesterschaft gehören**." *(Rudolf Steiner, 9.12.1922, "Zur religiösen Erziehung...", 1997, S.174)*. Im gesamten Werk Steiners ist eine Rechtfertigung für einen Monopolanspruch der CG auf ein sakramentales Handeln, oder ein (auch spirituelles) **Eigentum** an den von Steiner gefassten Sakramentstexten **nicht gegeben**. (Laut vorliegendem Schreiben der *Rudolf Steiner Nachlassverwaltung vom 24.11.1997 durch Ulla Trapp.*) (Die Texte "gehörten" - juristisch - der **Nachlassverwaltung**, d.h. sie sind inzwischen, nach Ablauf des Urheberschutzes, sowieso "frei" !) Das betrifft prinzipiell die (alle) Steinerschen (Sakraments-)Texte, auch Taufe, Trauung, Bestattung!
"Die Autoren *(die Christengemeinschafts-Priester Gädeke in ihrem Buch "Die Fortbildung der Religion...")* vertreten hier die Meinung, die sich im Gesamtduktus deutlich zeigt, dass die Religion innerhalb der anthroposophischen Gesamtbewegung von der Christengemeinschaft repräsentiert wird. ... Dass von der Dreiheit Wissenschaft - Kunst - Religion mit der Begründung der Christengemeinschaft die **Religion** an diese gewissermaßen **übergeben worden sei**, bezeichnet Rudolf Frieling *(damals "Erzoberlenker" der Christengemeinschaft - VDL)* 1984 ausdrücklich als ein '**Missverständnis**' ... " *(Michael Debus, em. Leiter des Priesterseminars der Christengemeinschaft in Stuttgart, in "Anthroposophie und Religion, Eine notwendige Ergänzung zur Gädeke-Studie", in: "Mitteilungen ..." der Anthroposophischen Gesellschaft, Nr. 178, IV/1991, S. 274-276)*.

■ Ausnahme seien die von Rudolf Steiner den Waldorfschulen gegebenen "freien christlichen Schulhandlungen" (die dann fast wortgleich später *auch* die "Christengemeinschaft" bekam), allerdings weil diese *nur* "**Rituale**" seien und deshalb von "Laien" handhabbar;
denn Sakramente seien prinzipiell **nur** dann "Sakramente", wenn sie durch kirchlich **geweihte** Priester innerhalb einer Kirche vollzogen werden. Im "Forum Kultus" seien aber nur "Laien".

➜ Die der Waldorfschule gegebene "Jugendfeier" und die "Opferfeier" sind "Sakramente" *(siehe auch Kap. "Verwendete Rituale")*. Diese gab Steiner zum **voll wirksamen Vollzug** "nicht *(mehr)*-priesterlich", den "**nicht geweihten**" (= "Laien") Religionslehrern.

■ Somit seien *nicht* kirchlich geweihte Anthroposophen nicht zum sakramentalen Handeln vorgesehen, nicht berechtigt und nicht in der Lage.
➜ s.o.

■ Rudolf Steiner selber habe deshalb die "Christengemeinschaft" für Bestattungen von/den Anthroposophen empfohlen und sei zudem selbst von ihr bestattet worden.

→ Dass Rudolf Steiner **von der CG** kirchlich und nicht von Anthroposophen "spezifisch anthroposophisch" **bestattet** wurde, war **nicht sein Wille**, bzw. Auftrag, sondern wurde von seiner Umgebung (u.a. von Rittelmeyer [Erzoberlenker der CG]) dann einfach vorgenommen und gehörte zu den damals vielen Unklarheiten, Unstimmigkeiten. *(Lt. Roland Halfen, Leiter des Rudolf Steiner-Archivs, an das Forum Kultus, 3.10.2016.)* Siehe unten Absatz "Suggestive Interpretationen" !

■ Die Existenz und ein **Monopol** der "Christengemeinschaft" als Wächter der Sakramente sei notwendig (siehe den Missbrauch = Benutzung durch Nichtgeweihte im "Forum Kultus"), damit die Sakramente wirksam und **berechtigt** stattfinden könnten und die richtige, allein wirksame Ausführung, nämlich durch allein kirchlich Geweihte, garantiert werde.

■ Weil der wirksame Empfang von Sakramenten nur innerhalb einer "Kirche" und durch kirchlich-institutionell geweihte Priester möglich sei, jedoch das spirituelle / geistige Niveau der traditionellen Kirchen dem Anthroposophen nicht gemäß wäre, sei praktisch allein die "Christengemeinschaft" für jeden Anthroposophen der **zutreffende Ort**.

→ Die "Christengemeinschaft" war als "**Vorschule**" gedacht, für diejenigen, die den Weg zur Anthroposophie noch nicht finden können... also nicht für Anthroposophen selbst. *(Siehe folgend Kap. "Rudolf Steiner zur Christengemeinschaft", S. 94.)*

■ So kommen fast alle Mitglieder der "Christengemeinschaft" aus der Anthroposophen- und Waldorfszene, während die Mitgliedschaft von Anthroposophen in den traditionellen Kirchen irrelevant ist. Somit entspräche man den *Bedürfnissen* der Anthroposophenschaft; auch diesbezüglich seinen also "freie Sakramente" nicht nur unberechtigt, sondern auch **überflüssig**. *Siehe z. B. Michael Debus, Gundhild Kacer: "Das Handeln im Umkreis des Todes ..", 1999, S. 9ff. und Wolfgang Gädeke, em. "Lenker" der "Christengemeinschaft" in Flensburger Hefte, So.heft 9, S. 67.*

→ Weil die "Hausaufgaben" einen spezifisch anthroposophischen Kultus-Weg weiter auszuarbeiten nicht erkannt und gemacht wurden .. dazu uninformiert .. so blieb nur die CG ...

■ Intern wird vor einer sakramentalen Aktivität der/von Anthroposophen gewarnt. Da fast alle Mitglieder aus der Waldorf-/Anthroposophen-Scene kämen, wäre die ggf. **Existenz** nicht mehr finanzierbar (die schon äußerst angespannt ist), würden diese **aufwachen** und der "Christengemeinschaft" doch den Rücken kehren... *(s. S.93).* Deshalb müsse kategorisch *gegen* ein "freies, sakramentales" Handeln von Anthroposophen argumentiert werden ... [34]

→ Und das ist dann eben **tendenziös**, manipulativ ... :

Suggestive Interpretationen

Es wird z.B. immer wieder Rudolf Steiner oft kontextfrei / im falschen Zusammenhang zitiert *(hier beispielhaft aus GA 345, 2.Vortrag, 12.7.1923, insbesondere S. 34-35 und S. 44)* :

■ "Denn tritt heute *(damals !)* der Fall eines Begräbnisses ein, dann ist doch eben die religiöse Gemeinschaft *(CG)* für das Kultische aufgerufen." *(S. 34)*

→ Für wen ?? : für die "Doppelmitglieder", individuell für bestimmte Anthroposophen, oder gar prinzipiell für ALLE Anthroposophen, oder für jedermann ?

Hier *(in GA 345)* belehrt er die Priester der CG über deren Umgang mit einem damals noch unausgegorenen Alltag. Es geht hier nicht *prinzipiell* um die Anthroposophenschaft! Denn - siehe 30.12.1922 - es ist nicht die Aufgabe der CG die Anthroposophen zu bedienen, die CG war/ist nicht für die Anthroposophen konzipiert.

Einige Sätze weiter *(S. 34)* schränkt Steiner diese Feststellung auch wieder ein, bzw. konkretisiert sie : derjenige, "der Anthroposophie sucht ... dass man **es ihm überlassen muss**, inwiefern er den Kultus *(der CG ᵛᴰᴸ)* sucht.."

Der Anthroposoph *kann* sich zur CG hinwenden, muss (und sollte?) das aber nicht.
Schon das Prinzip der **Religionsfreiheit** verbietet eine Grundsatz-"Empfehlung".

Das obige Zitat bezieht sich also vor allem und prinzipiell auf diejenigen Anthroposophen ("**Doppelmitglieder**"), die ihre religiöse Heimat in der "Christengemeinschaft" haben, es kann aber generell nicht verallgemeinert werden.

Denn ist er Mitglied dieser Kirche: dann ist er selbstverständlich auch aufgefordert diese selbst gewählte, SEINE Kirche in Anspruch zu nehmen; oder es ist aus höherer, karmischer Einsicht (die Steiner hatte) gerade für ihn in der momentan gegebenen, speziellen Situation sinnvoll, auch ohne Mitglied zu sein, die CG zu bitten.

Denn die Gründungsgewalt mit der die "Christengemeinschaft" in die anthroposophische Bewegung drängte, **verdrängte alle Alternativen**. Wollte man einen Bestattungs-Kultus, der anthroposophisch vertieft gefasst war, blieb nur die "Christengemeinschaft".
Für bestimmte Verstorbene war es aber **wichtiger einen geistgemäßen Kultus zu bekommen, als gar keinen** .. Und dementsprechend - ja nicht bei jedem! - verwies Steiner individuell (und ausnahmsweise) auf die "Christengemeinschaft".

Das Gleiche gilt für die Aussage Rudolf Steiners *(S. 44)* :

■   "Ich werde nie wieder bei einer solchen Gelegenheit, wo die sozialen Verhältnisse durch den Kult *(der CG ᵛᴰᴸ)* geheilt werden sollen, etwas vornehmen, ohne dass der Vertreter der religiösen Bewegung *(CG ᵛᴰᴸ)* mitwirkt.
Bei Begräbnissen spreche ich nicht mehr allein, ohne einen Priester.
Der Kult *(der CG ᵛᴰᴸ)* muss verrichtet werden *(durch Priester der CG ᵛᴰᴸ)* .."

➔   Das ist eine Äußerung Steiners als "**Nichtpriester**" gegenüber einem auch von ihm zu respektierenden, klerikalen System. Rudolf Steiner betonte, dass er (als Eingeweihter und Geisteslehrer) **prinzipiell nicht kirchlich-sakramental tätig** sein wolle und dürfe. "Ansprachen" hielt er weiterhin.

Wiederum - s.o. - : Es blieb aufgrund des Monopols nur die "Christengemeinschaft"..., wenn eine kirchlich-*sakramentale* Bestattung überhaupt stattfinden sollte...

Die Empfehlungen und die Praxis Steiners zeitweise die "Christengemeinschaft" zu bitten, war eine pragmatische Ausnahme für die damals alternativlose Zeit !

Und lange Jahrzehnte wurde dann die eigene Hausaufgabe, die Entwicklung eines "spezifisch anthroposophischen" Kultus-Weges, liegengelassen ...
Doch heute haben wir diese **Alternative wieder**!
Anthroposophen - als freie Christen - müssen nicht mehr in die "*Vorschule zur Anthroposophie*" gehen, um die Sakramente in der Fassung und Tiefe Steiners in Anspruch nehmen zu können .. wir sind nun frei ...

Trotzdem und prinzipiell : Jeder sollte *seinen* **ihm gemäßen Weg** gehen ! :

Geh einfach Gottes Pfad .. so gehst du recht und grad!

Warum Monopol ?

Nicht nur weil frei christlich handelnde Anthroposophen "*unberechtigt handelnde Nicht-Geweihte*" seien, die Antwort ist dramatischer :

Ohne die Anthroposophen- und Waldorf-Scene (aus der fast die gesamte Mitgliedschaft stammt) würde die "Christengemeinschaft" - nach 90 Jahren immer noch eine unbedeutende "Sondergemeinschaft" - *quantitativ* **nicht existieren** können, bzw. gar nicht mehr existieren...
Das wurde verschiedentlich so ausgedrückt: "Es kommt sonst keiner." ...

Die traditionellen Kirchen sind für die anthroposophische Scene in der Regel keine Alternative und stellen so auch für die "Christengemeinschaft" keine Konkurrenz dar, aber eine kultisch und sozial sogar noch fortgeschrittenere und freie, "spezifisch *anthroposophische*" **Kultus-Alternative** und dazu noch mit den *gleichen* Texten, das **könnte anthroposophische Mitglieder abziehen** und quantitativ, finanziell existenziell bedrohlich werden; d.h. die "Christengemeinschaft" wäre als Institution ohne diese Scene nicht mehr finanzierbar.

Das anthroposophisch gesinnte Klientel **muss** sie sich also erhalten, denn außerhalb davon finden sich auch heute noch viel zu wenige (real fast gar keine) Anhänger, denn dort ist man als "anthroposophische Sekte" oder "**Anthroposophen-Kirche**" etikettiert, **ignoriert** und abgelehnt.
Das ist ein Circulus vitiosus *("Teufelskreis")*; denn der Nichtanthroposoph, der freiheitlich strebende, ökumenisch gesinnte und esoterisch tiefer suchende Christ (den Rittelmeyer und Steiner mit der Begründung im Auge hatten!) will ja nicht in eine "Sekte" = "Anthroposophen-Kirche" ... also bleiben die "Waldorfs" ...
Das Problem wird zusätzlich und drastisch verschärft durch die **Überalterung**, ... umso wichtiger, dass die Anthroposophen bleiben ...

Verunsicherungen

Jahrzehnte war die "Christengemeinschaft" selbstverständlich Anthroposophen-Kirche und nicht in Frage zu stellen.
Die **Monopolisierung** und **Tabuisierung** [35] der Thematik - bevor das "Forum Kultus" sie nun aufgriff - führte zu einer großen Verunsicherung und **Uninformiertheit**, weil sich oftmals tendenziöse Argumente kontextfrei, irritierend, deplatziert und **desinformierend** verbreitet finden.

Das geschieht aber eben auch, weil die bittere Wahrheit: als "Anthroposophen-Kirche" kontraproduktiv, entgegen dem Gründungsimpuls zu wirken, verdrängt wird und - s.o. - aber auch nicht thematisiert werden kann.
So bleibt der Leser gutgläubig uninformiert, unkritisch.. und erhalten ...

Dies zeigt die Signifikanz der vorhandenen Sorge [34] vor einer langfristig ggf. doch existenziellen Gefahr, die durch eine kultische Eigenständigkeit von Anthroposophen drohen könnte ...

Ein Tragik, die hier nicht weiter vertieft werden kann und soll ...

---

35 "Es ist ein furchtbar starkes Werben da, das autoritativ wirkt ..." *(Marie Steiner, Dreißiger-Kreis, 13.2.1923)* / "... sie wollen jeden haben. Die haben keinen Grund Klarheit zu schaffen." *(Rudolf Steiner, 9.12.1922, "Zur religiösen Erziehung ...")* / "die grasen ab, ihrerseits ..." *(Rudolf Steiner, GA 300b, S. 227)*.

Zuletzt:
Rudolf Steiner zur "Christengemeinschaft"

Rudolf Steiner hatte sich - oft zitiert - drastisch geäußert ...
Er war zunächst begeistert von einer "erneuerten" Kirche als 3. Block
zwischen den Großen, die zur Anthroposophie *hinführen* sollte,
dann aber enttäuscht, dass dies der "Christengemeinschaft" nicht
gelang und sie stattdessen eine "Anthroposophen-Kirche" wurde ...

" Es kommt also darauf an, denjenigen Menschen etwas zu geben, die
zunächst - man muss da die historisch gegebene Notwendigkeit ins Auge
fassen - **nicht in der Lage sind, unmittelbar den Gang zur anthroposophischen Bewegung anzutreten.** Für sie muss durch Gemeindebilden in
herzlichem, seelischem und geistigem Zusammenwirken der Geistesweg
gesucht werden, welcher heute der der menschlichen Entwickelung angemessene ist. ...
    **welche durch Gemeindebilden, im Zusammenarbeiten innerhalb der
Gemeinde, einen andern Weg gehen müssen,** der, ich möchte sagen, **mit
dem anthroposophischen erst später zusammenführt.** ...
    Nebenher, so meinte ich dazumal, könne eine solche Bewegung für
religiöse Erneuerung gehen, die **ganz selbstverständlich für diejenigen, die in
die Anthroposophie hinein den Weg finden, keine Bedeutung hat,** sondern
für diejenigen, die ihn zunächst nicht finden können. Und da diese zahlreich
vorhanden sind, ist natürlich eine solche Bewegung nicht nur berechtigt,
sondern auch notwendig.
    Das, was ich diesen Persönlichkeiten gegeben habe, **hat nichts zu tun
mit der anthroposophischen Bewegung. Ich habe es ihnen als Privatmann
gegeben,** und habe es so gegeben, dass mit notwendiger Dezidiertheit be-
tont habe, **dass die anthroposophische Bewegung mit dieser Bewegung für
religiöse Erneuerung nichts zu tun haben darf**; dass aber vor allen Dingen
nicht ich der Gründer bin dieser Bewegung für religiöse Erneuerung; ...
    Daher **muss streng unterschieden werden** zwischen dem, was anthropo-
sophische Bewegung ist, dem, was Anthroposophische Gesellschaft auch
ist, und demjenigen, was die Bewegung für religiöse Erneuerung ist. ...
    dass sie **Bekenner sucht außerhalb der Anthroposophischen Gesellschaft**
... Denn die Anthroposophische Gesellschaft wird von denjenigen nicht verstanden, der sich nicht so auffasst, dass er ein **Rater und Helfer sein kann**
dieser religiösen Bewegung, dass er aber nicht unmittelbar in ihr unter-
tauchen kann.
Wenn er dieses tut, so arbeitet er an zweierlei: erstens arbeitet er an der **Zer-
trümmerung und Zerschmetterung** der Anthroposophischen Gesellschaft,
zweitens arbeitet er an der **Fruchtlosigkeit** der Bewegung für religiöse Erneuerung. ...
**Diejenigen, die den Weg einmal in die Anthroposophische Gesellschaft ge-
funden haben, brauchen keine religiöse Erneuerung.** ...

Gerade zum Gedeihen der beiden Bewegungen ist es notwendig, dass sie **reinlich auseinander gehalten werden.** ... dass strenge darauf gesehen wird, dass die Bewegung für religiöse Erneuerung **nach allen Richtungen in Kreisen wirkt, die außerhalb der anthroposophischen Bewegung liegen.** ... noch dass sie aber auf der andern Seite, weil es ihr nicht gelingt, unter Nichtanthroposophen Bekenner zu finden, nun ihre **Proselyten** innerhalb der Reihe der Anthroposophen macht. ...

Wenn diese Voraussetzung nicht gewesen wäre, so wäre durch meine Ratschläge die Bewegung für religiöse Erneuerung niemals entstanden. ...

Es ist schon notwendig, dass für wichtige Dinge **klar ausgesprochen wird, um was es sich handelt,** denn es besteht gar zu viel Tendenz heute, die Dinge zu verwischen, sie nicht klar zu nehmen. "

RUDOLF STEINER, *Auszug aus dem Vortrag vom 30. Dezember 1922, GA 219*

"*Y.*: Es ist die Frage aufgetaucht nach dem Verhältnis zur religiösen Bewegung *(der Kirche "Die Christengemeinschaft")*.
X.: Die Rituale werden aufgefasst als Besitz der Christengemeinschaft.
(*Anm.*: *Die ersten Rituale/Sakramente wurden zuerst frei christlich gegeben, dann - aufgrund ihrer Universalität - auch der Christengemeinschaft, die aber dann das alleinige Nutzungsrecht beanspruchte...)*

Rudolf Steiner: **Es ist niemals für die Rituale, etwa ausgesprochen worden, dass sie der Priesterschaft gehören.** ...

Die Sache ist so klar, wie nur irgendetwas. Die Christengemeinde ist etwas, was **mit der Anthroposophischen Gesellschaft nicht das Geringste zu tun hat.** Und auch nicht etwas, was mit der Anthroposophischen Gesellschaft zusammenhängt. Die Christengemeinde ist etwas für sich Bestehendes. **Zur Anthroposophischen Gesellschaft steht die Christengemeinde in keinem anderen Verhältnis als der Katholizismus oder die Quäker.** "

RUDOLF STEINER, *Stuttgart, 9.12.1922, zu den freien christlichen Religionslehrern. Siehe ungekürzt in: "Anthroposophie und Kirche?", ISBN 978 3 8423 5544 6*

Sind wir genügend informiert ?

Die Thematik ist diffizil ...
Trotz scheinbar eindeutiger Darstellungen Rudolf Steiners gibt es - wie gesehen - auch einige Aussagen, die, aus dem Zusammenhang genommen, "Die Christengemeinschaft" scheinbar doch als die für Anthroposophen angemessene Kirche erscheinen lassen ... wenn man aufgrund der Fehlentwicklungen *(Anthroposophen-Kirche statt alternativer Dritter Block zwischen den Großkirchen)* eben nicht mehr den ganzen Kontext anschauen möchte, und sowieso auch nicht mehr korrigieren und umsteuern kann (!?) ...

Aber.. wie auch immer ... ! :
Geht es um die religiöse Freiheit des Einzelnen, kann und darf es nicht nur "*einen* Weg" geben ! Und so ist immer wieder - egal ob "richtig" oder "falsch" - ganz individuell die Frage: **WAS WILL <u>JCH</u> ?** Was ist **MEIN** Weg zu Gott ?

Aus dem Ernst der Zeit, muss geboren werden der Mut zur Tat! R.St.

95

Doch will ich euch
den Weg weisen,
der höher
als alle anderen ist:
Wenn ich mit Menschen-
und mit Engelzungen redete:
bin ich aber ohne die Liebe,
so bleibt mein Sprechen
wie tönend Erz
und eine klingende Schelle.
Und wenn ich die Gabe
der Prophetie besäße
und wüsste alle Mysterien
und alle Erkenntnisse
und hätte dazu die Kraft
des bergeversetzenden Glaubens:
wenn ich ohne die Liebe bin,
so bin ich nichts.
Und wenn ich alles,
was mein ist herschenkte
und schließlich sogar
meinen Leib hingäbe
zum Verbrennen:
bin ich aber ohne die Liebe,
so ist alles umsonst.

Die Liebe
macht die Seele groß.
Die Liebe erfüllt die Seele
mit wohl tuender Güte.
Die Liebe kennt keinen Neid,
sie kennt keine Prahlerei,
sie lässt keine Unechtheit aufkommen,
die Liebe verletzt nicht,
was wohlanständig ist,
sie treibt die Selbstsucht aus,
sie lässt nicht die Besinnung verlieren,
sie trägt niemandem Böses nach,
sie freut sich nicht
über Unrecht,
sie freut sich nur mit der Wahrheit.
Die Liebe erträgt alles,
sie ist stets
zu gläubigem Vertrauen bereit,
sie darf auf alles hoffen
und bringt jede Geduld auf.

Die Liebe
sei euer Weg
und euer Ziel.

Brief des Paulus an die Korinther,
Kap. 13,1-7 / 14,1, in der Übersetzung von Emil Bock

DER FREIE CHRISTLICHE IMPULS RUDOLF STEINERS HEUTE

AND NOBODY NEED

AN ENGLISH SUMMARY

FORUM KULTUS

ARBEITSMATERIAL ZUR KULTUS-FRAGE
KURZ-INFO

Free Christians Forum

Initiative for a
free and sacramental Christian life today

That there is no other Word of God,
than that which all Christians
have been ordered to proclaim,

that there is no other baptism
than that which any Christian can administer,

that there is no other remembrance
of the Lord's Supper
than that where any Christian can do
what Christ commanded to do,

that there is no other sin
than that which any Christian must contain,
or free himself of it,

that there is no other sacrifice
than the body of any Christian,

that no-one can pray save a Christian alone,

that no-one can judge the teachings save a Christian.

All Christians are truly of the spiritual estate,

and there is no difference among them,
save of office alone. ...

For whatever issues from baptism
may boast that it has been
consecrated priest, bishop and pope.

Martin Luther

For where two or three
are gathered together in my name,
there am I
in the midst of them.

Today's relevance of Rudolf Steiner's idea
of the free Christian and common priesthood

+ Baptism
+ Marriage
+ Burial
+ Sacrificial celebration

- Cross-denominational
- common priestly
- individual
- free

Interweaving sacramentalism with freedom

FREE CHRISTIANS FORUM
INITIATIVE FOR A
FREE AND SACRAMENTAL CHRISTIAN LIFE TODAY

Every human being is a priest!

- ## CHRISTIANITY TODAY
God is everywhere! Do we still need dogmas, churches and shepherds? Sacraments as medicine: cross-denominational, free, no longer institutionalised or narrowed down to church-based, denominational perspectives!

- ## THE FREEDOM OF A CHRISTIAN AND THE INDIVIDUAL SITUATION
"Incorporating freedom into sacramentalism!" *(Wiesberger)*
Freedom = Acting on the basis of the "moral intuition"
of an "ethical individualism"!
Cross-denominational + individual + brotherly/sisterly + free.
Benchmark for one's sacramental actions and spiritual aspiration is only a person's *very own, individual relationship* to the spiritual world.

- ## COMMON CHRISTIAN PRIESTHOOD
Today, *we* do not need an official priest certified by the church anymore – neither as a mediator between us and the spiritual world ("two-class system"), nor as the *only* one who is entitled to administer the sacraments. The aim is "common priesthood"!
Every human being shall become a priest!

- ## THE SACRAMENTS FROM THE SOURCE OF AND
  ## IN THE WORDING OF RUDOLF STEINER
We trust in Rudolf Steiner to find the right words, forceful and moving, for truthfully describing the sacraments, the progress that they have undergone in the history of worship (common and in lay priesthood, as "direct worship"), their underlying spiritual processes, with freedom and yet spiritual depth.

- ## ANTHOPOSOPHY
Anthroposophy is an undogmatic *tool for insights*, an individual path, independent of any religious point of view.
Since the „Anthroposophical Society" is interreligious, we do work as anthroposophists, but *independently* of the Anthroposophical Society.

- ## COMMUNITY OF CHRISTIANS
Free Christians act! Being active means assuming responsibility.
For joint action, it is necessary to pursue paths that prevent a community from becoming destructive, by following a personal and common, a spiritual and social path of teaching.
The challenge is: Free Christians in a free community...

See also: Chapter "Guiding Stars" (Leitsterne), p. 27, and "Conclusion" (Fazit), p. 87!

And nobody will need a special church

UPSHOT
An english summary

The basis of all free religious feeling
that will unfold in humanity in the future
will be the acknowledgment,
not merely in theory but in actual practice,
that every human being
is made in the likeness of the Godhead.
When that time comes
there will be no need for any religious coercion;
for then every meeting
between one man and another
will be of itself in the nature of a religious rite,
a sacrament,
and nobody will need a special church
with institutions on the physical plane
to sustain the religious life.
If the Church understands itself truly,
its one aim must be to render itself unnecessary
on the physical plane,
as the whole of life
becomes the expression of the supersensible.

Rudolf Steiner
'The Work of the Angels in Man's Astral Body", 9. October 1918

Every human

being requires Re-connection (religo) to the spiritual world, and therefore spiritual insight, religion, cult, sacraments.

+ To do so, there are many – legitimate – ways = the most different religions, denominations, philosophies of life, etc., in order to fulfil the most differing individual needs and capabilities.
Each individual is able to set out on *several* ways at the same time, e.g. because they are still in transition, because they are still linked to particular people or places by some kind of mission, or because they find spiritual sources there. ("To each his own")

+ Insight, religion and cult are nothing static. They reflect the necessity of humankind to develop.

+ *One* such way is anthroposophy.
It is independent of religions, because it is interreligious, directly Christian.
Therefore with anthoposophy, believers of any religion / denomination can gain insight, and deepen their experience of the spiritual, divine world by means of an (additional) undogmatic, cross-denominational approach.
And they are entirely free to join a community of people pursuing the same goals, e.g. the "Anthroposophic Society" or a group within it.
Anthroposophy takes as a basis the *Freedom* of the Striving Human Being and offers an *individual* way of learning and insight, up to initiation if required, to direct communication with the spiritual world.

+ Lived anthroposophy will ultimately lead to the general sacramentalization of the whole life.
Thus it becomes worship itself; the encounter with the spiritual world – everywhere, but particularly in cult – becomes communion.
"Spiritualized thinking", the love-inspired awareness for the divine *in everything*, is ultimately the "true communion of the human being".

+ In the "direct encounter" and in harmony with the realities and beings of the spiritual world, the traditional forms and rituals of access to the spiritual world are no longer required, the way to the spiritual world is no longer *veiled* by symbolism.

+ This *direct* way necessitates no "religious renewal" through the church "The Christian Community", because anthroposophy is itself the source and creator of this renewal.

+ An active anthroposophist's way does not usually involve adherence to a specific *church,* but is fitting as their "advisor and helper".

+ Until we will have created forms and contents corresponding to the current state of spiritualization and sacramentalization of the whole life, we still need the traditional liturgical "intermediate stops" for the high-times in life.

+ To further develop the cult, Rudolf Steiner wrote, extended and "renewed" sacraments.

+ These *texts* in their universal wording "for various contexts of life" may be used by any human being, they are cross-denominational.

+ He first wrote texts for baptism and marriage (to Wilhelm Ruhtenberg, Stuttgart) and for burial (to Hugo Schuster, Dornach) to be held by anthroposophists independently of any church, a free Christian celebration carried out by general ("*lay*") priests. Then followed the children's "Sundays Activities", "Youth Celebration", and the central sacrament: the "Sacrificial Celebration", which were first given to the "free Christian" religious teachers of the Rudolf Steiner School in Stuttgart.
Later also the Church "The Christian Community" received these texts (almost all of them the very same texts, with the exception of the "Act of Consecration of Man" [replacing the "Sacrificial Celebration"]).
Finally, he formulated new texts for all seven sacraments.
(See cult-handbook »Die Sakramente...«)

+ There are no exclusive rights linked with these sacrament texts.
They have not been "conferred" to the "Christian Community"
(as the latter claims they have been), nor are they their "spiritual property".
The fact that use of the "free Christian" baptism, marriage, and burial tailed off after foundation of the "Christian Community", or was no longer possible (particularly after the death of Schuster and the conversion of Ruhtenberg), does not mean that the "free Christian" impulse was replaced by the "Christian Community's" ecclesial one.
The reasons for this tail-off rather lies in the anthroposophists' lack of alertness, the tragic that they were not aware of the importance of giving a Christian a practical center to live out and experience their Christian beliefs.
Within the Anthroposophic Society, it had never been endeavoured to form a brotherly community by means of a cult practice that included liturgy (although attempts in this direction had been made in the "Klassenstunden - class lectures", but in reality, these did not have the necessary effect).
Thus, the path was open for the "Christian Community" to assert their monopoly.

+ Since the "Christian Community" did hardly attract any of the people it sought to win over (i.e. those who did not find what they were looking for in the established main churches), it soon turned almost exclusively and most successfully towards the anthroposophists and Waldorf adherents, who now tried to fill their lack of a centre here. This was against the ideas and warnings of Rudolf Steiner ("There is an incredibly strong soliciting which feels authoritative" Marie Steiner), and within the Anthroposophic Society destructive forces offered the missing practical Christian centre (right after Rudolf Steiner's death). Soon the "Christian Community" was made up almost entirely of anthroposophists and Waldorf adherents.
But outsiders never had and still have no interest in an "Anthroposophists' Church", i.e. in something that appears to be a sect...

+ Both groups are characterized by the Central Sacrament (mass), which differs significantly in both cult impulses: the "Sacrificial Celebration" (which was mainly held in the Rudolf Steiner Schools and homes) representing the "free Christian" impulse, as opposed to the "Act of Consecration of Man" in the "Christian Community".
Cult-historically, these are different positions. This is most apparent in the "Sacrificial Celebration", which in its development does not figure *before* the mass (or "Act of Consecration of Man"), but *after* it, it is future-oriented.

+ Accordingly, there is a development from the traditional cult with its "indirect" transsubstantiation and communion to a "direct" one.

No longer is there a "detour" via bread and wine, but the flesh and blood of the communicant are directly transubstantiated.

+ Moreover, in the "free Christian" impulse the "two-class system" is abolished, in which *exclusively* and for lifetime no-one but the person consecrated by the *church* (cleric) is entitled to administer the sacraments (the same is true of the "Christian Community"), who – according to the teachings – possesses spiritual properties and capabilities through the "character indelebilis" (indelible mark) of the consecration sacrament, which the person not consecrated by the church ("lay person") does not possess.

+ With this change, the ecclesiastical hierarchy is given up in favour of a brotherly, pentecostal principle as it was common in early Christianity.
Every truly and devoutly striving Christian – and the anthroposophist in particular – can assume and practise the free Christian cult service for their Christian brothers as a lay priest (general ["lay"] ministry).

+ For the "free Christian" impulse it is no longer necessary to be ordained or consecrated by an institution in order to legitimately act as a priest.
Instead, the consecration is an *individual*, intimate, actual call-ing involving no-one but the striving human being and HIM, "legitimizing" the person to perform Christian, brotherly, sacramental acts. Christ himself bestows the consecration, quietly, without much ado.
I am "priest", when the I is taken up with the YOU, and HE fills us
(steps on the way are: recognizing the other, sacrificing the Ego, transubstantiate the former being and coming to life in Him, His communion with and in our work).
We are transforming, and – if we want to – we are called upon to do service as "priests" in cult and sacraments for one another in His name (and no longer in the name of a church) and pass on His love. He can and will use us as His tools, which makes us Christ's "priests", ordained by HIM.
For "God is love. Whoever lives in love lives in God, and God in him."
The practical consequence of this logic is that every loving Christian who wants to serve HIM is generally a priest.

+ Whether there has been a calling, a "consecration", that has been accepted, whether one is prepared to assist one's Christian brothers and sisters *also* in sacra-mental acts, is something which the person called must hear, discover, compre-hend, and account for himself, it is not something to be judged by an institution or third person.
Whether he is up to this task will become apparent in the fruits of his labours and in the actual demand for his services.

+ Generally speaking, not even membership in any kind of institution is required for this kind of service.
However, a cult-supporting community is a source of strength and can only be recommended. This is the aim of the "Free Christian Work Community".

+ *If* this individual, intimate consecration is taken up and carried on by a com-munity, this community does not decide on Christ's "Yes" (i.e. the "consecration itself"), but only on the acceptance within their particular community.

+ A *free* cult must always spring to life from the *current* opportunities, needs and necessities of the celebration community, it must be oriented towards HIM.
Only then will the act be truthful and HIS presence will be real.
Content and form of the sacraments can and should therefore take on individual

shape. The free Christian texts recorded by Rudolf Steiner are not intended
to be unalterable, dogmatic and the only possible wording.
Rather, they are "given as a beginning" and must be "*further developed*"
from the "living of life".

+ Whenever these (seven) sacraments are used, they will be shaped according
to the possibilities and the will of those who perform them;
they will be shaped by the teachings, structure and conditions of the corresponding "life context" of the performing Christian's supporting community.

+ In early Christianity there was no priesthood and no consecration or ordination
of priests. After the church's "seizure of power", the general and brotherly
Christian way of life of the early Christians continued in "heretic" lay movements,
often underground. It became institutionalized as the "general priesthood"
(priesthood of believers) at the time of the reformation.
The free Christian impulse simultaneously takes up the *early Christian* succession
"from below" and the *current* work of Christ, the way of knowledge of anthroposophy as the science of initiation.

+ *Free* Christian actions are inevitably determined by an "ethical individualism";
by the struggle of the human being to let their decisions
be guided by the higher will of the divine world order, and to do so freely out of
"moral intuition", following the "philosophy of freedom".
Communities acting in this spirit do not constrain. They open the path to higher
beings to make fruitful contributions and are urgently required in our times.

+ The free Christian impulse by no means intends to be a new cult
for "*the* anthroposophists" or *the* Anthroposophic Society, nor for *the*
"Free Christians".
The religious freedom of each member of the Anthroposophic Society
and its interreligiosity leaves room for a multitude of individual ways and therefore
dealing with this theme requires a work community which is independent of the
Anthroposophic Society. In this manner it is guaranteed that the freedom of
others is not limited by officially embedding one particular religious perspective
in the structures of the Anthroposophic Society.

+ In the "Initiatives for free Christian, anthroposophical sacramental acts",
committed anthroposophists who are interested in cult independently deal with
the issue of cult and sacraments (however, the quality benchmark is the "School of
Spiritual Science").
How the individual passes on the fruits of his work is entirely up to him.
The free Christian impulse which has been described here is not the only effort
within the Anthroposophic Society to this end, but it is the only impulse which
actively seeks a public forum.
It does not oppose or compete with any other religious community, not even the
church "The Christian Community", but considers *all* of these (provided they are
constructive) as necessary, so that each and everyone can follow their very own
and karmically determined way. After all, we are all (ecumenically) united under
HIS name, will, and work.

Then Jesus came to them and said,
„I have been given all authority in heaven and on earth.
Go, then, to all peoples everywhere
and be their teachers,
baptise them in the name and with the power
of the Father and of the Son and of the Holy Spirit,

Matthew 28

FREE CHRISTIANS FORUM
Initiative for a free and sacramental Christian life today

Forum Kultus - Volker David Lambertz

Übersetzungen: Birgit Bayerlein
Drei König 2012

FORUM KULTUS
ARBEITSMATERIAL ZUR KULTUS-FRAGE
KURZ-INFO

DER FREIE CHRISTLICHE IMPULS RUDOLF STEINERS HEUTE

Fazit

Unübersehbar .. ergibt sich als notwendig,
dass das christliche Freiheitselement
auch dem Wesen des Kultus,
dem Sakramentalismus einverleibt werden muss.

Hella Wiesberger, GA 265, S. 19.

Taufe + Trauung + Bestattung
Opferfeier

überkonfessionell + allgemein-priesterlich + individuell + frei

Alle Christen sind wahrhaftig geistlichen Stands,
und ist unter ihnen kein Unterschied,
denn des Amts halben allein. ...
Was aus der Taufe krochen ist, das mag sich rühmen,
dass es schon Priester, Bischof und Papst geweihet sei,
obwohl es nicht jedem ziemt, dieses Amt auch auszuüben.

Martin Luther (Übersetzung - VDL)

Bloß ist mein Christentum
absolut nicht kirchlich gebunden.
Ich bin ein richtiger Ketzer
für Christus ! ...
Das Priestertum des Menschen
ist das einzige, das mir einleuchtet,
und darum bin ich so dankbar,
dass ich Rudolf Steiner begegnete.

Maria Röschl-Lehrs "Vom zweiten Menschen in uns"

FAZIT

DER FREIE CHRISTLICHE IMPULS RUDOLF STEINERS HEUTE

in der Arbeit der
Initiativen für ein freies,
anthroposophisch + sakramental vertieftes Christ-Sein heute
FORUM KULTUS & INITIATIVE, FREIE CHRISTLICHE ARBEITS-GEMEINSCHAFT

Die Freiheit des Christenmenschen und die individuelle Situation

des Einzelnen ist Ausgangspunkt des Handelns,
maßgeblich sind seine Bedürfnisse, seine Möglichkeiten, seine Not.

Die Sieben Sakramente - und das ganze Leben

Überkonfessionell - ökumenisch

Frei von Vorgaben irgendwelcher Konfessionen.
Relevant ist nur *meine* eigene, individuelle Beziehung zur Geistigen Welt;
im Zusammenwirken mit allen strebenden Geschwistern in allen Kirchen.

Allgemein("Laien")-priesterlich

Die Berufung, "Weihe", Berechtigung zum sakramentalen Handeln erhält
der Einzelne intim, individuell, direkt von Christus / der Geistigen Welt.

Gleichheit - geschwisterlich

Alle sind zum christlichen, kultischen Handeln gleichberechtigt aufgerufen, in Verantwortung gegenüber IHM.

Direkte Kommunion

ohne den "Umweg" über Substanzen (→ Opferfeier).

Individuelles Gestalten

Lebendige Vielfalt statt dogmatische Einheit, bedürfnisorientiert.

Anthroposophisch vertieft

Die Sakramente in der Fassung Rudolf Steiners als Quelle,
aber auch im Fluß einer zeitgemäßen Fortsetzung.

Ein IMPULS

Dezentral - Netzwerkstruktur - Gemeinsam oder solo.
Ehrenamtlich (kein Dienstleistungsunternehmen), frei-willig, persönlich,
ohne dem Mammon Raum zu geben (kostenlos).

Jeder Mensch - werde - *ein Priester* !

DER FREIE CHRISTLICHE IMPULS RUDOLF STEINERS HEUTE

Literatur

Forum Kultus
Arbeitsmaterial zur Kultus-Frage
Kurz-Info

LITERATURHINWEISE

Sie erhalten das Werk Rudolf Steiners in jeder Buchhandlung vom

RUDOLF STEINER VERLAG
Im Ackermannshof - St. Johanns-Vorstadt 19/21, CH- 4056 Basel
Tel.: 0041 61 7069130 / Fax: 0041 61 7069149
Email: *verlag@steinerverlag.com* / Internet: *www.steinerverlag.com*

VERLAG FREIES GEISTESLEBEN - URACHHAUS
Tel.: 0049 711 2853200 / Fax: 0049 711 2853210
Email: *info@geistesleben.com* / Internet: *www.geistesleben.com*

Wissenschaftliche Recherche und Archiv:

Rudolf Steiner Nachlassverwaltung
RUDOLF STEINER ARCHIV
Rüttiweg 15, CH-4143 Dornach 1
Tel.: 0041 61 7068210 / Fax: 0041 61 7068220
Email: *archiv@rudolf-steiner.com* / Internet: *www.rudolf-steiner.com*

FORUM KULTUS
BoD-Verlag, *www.bod.de* (teils: Pro3-Verlag, *www.pro3-verlag.de*)
Tel./AB/Fax: 0049 3212 1466232
Email: *post@forum-kultus.de* / Internet: *www.forum-kultus.de*

Im INTERNET
www.goetheanum.org / *www.anthroposophische-gesellschaft.org*
www.medienstelle-anthroposophie.de / *www.anthrowiki.info*

Die GESAMTAUSGABE als Online-Text:
www.fvn-rs.net / *www.steinerdatenbank.de*

ZUR KULTUS-FRAGE
AUS DER ANTHROPOSOPHIE

ZUR RELIGIÖSEN ERZIEHUNG
WORTLAUTE RUDOLF STEINERS
ALS ARBEITSMATERIAL FÜR WALDORFPÄDAGOGEN
Verlag Waldorfbuch, Tilde von Eiff, ISBN 978-3-9406-0694-5

Umfangreichste Sammlung mit Angaben Steiners, insbesondere für den freien christlichen Religionsunterricht, dem Lehrplan, die Praxis und den Handlungen.

RITUALTEXTE für die Feiern
des freien christlichen Religionsunterrichtes
und das Spruchgut für Lehrer und Schüler der Waldorfschule
Rudolf Steiner, Rudolf Steiner-Verlag, CH-4143 Dornach, GA 269
Hier finden sich u. a. die Kultustexte der Opferfeier, Taufe, Trauung,
Bestattung, etc., teils als Faksimile.

PERIKOPEN-BUCH
Elisabeth und Helmut von Kügelgen,
Päd. Forschungsstelle beim Bund der FWS, ISBN 978-3-9406-0659-4
Die Stellen für jede Woche des Jahres aus dem Evangelium für die freien
christlichen Handlungen, wie sie von Steiner angegeben wurden.

DIE SIEBEN SUBSTANZEN DER SAKRAMENTE
Volker Harlan, Verlag Urachhaus, ISBN 978-3-8251-7638-9

BAUSTEINE FÜR EINEN SOZIALEN SAKRAMENTALISMUS
Dieter Brüll, Verlag am Goetheanum, ISBN 978-3-7235-0777-3
Impulse für die Zukunft, Kultus der Zukunft. Die Sakramente werden
Alltags-Leben, konzentriert in sieben soziale Kultusgesten.

DIE CHRISTLICHEN JAHRESFESTE UND IHRE BRÄUCHE
Luise Schlesselmann, Verlag Freies Geisteslesben, ISBN 978-3-7725-2615-2

GESPRÄCH ALS KULTUS
Christlicher Einweihungsweg, Wiederkunft, Bruderschaft
Gerhard von Beckerath, Verlag am Goetheanum, CH-4143 Dornach,
ISBN 978-3-7235-1238-8

ANTHROPOSOPHISCHE GEMEINSCHAFTSBILDUNG
Rudolf Steiner, Rudolf Steiner-Verlag, CH-4143 Dornach, GA 257

DER ANTHROPOSOPHISCHE SOZIALIMPULS ♦
Dieter Brüll, Verlag für Anthroposophie, CH-4143 Dornach,
ISBN 978-3-0376-9039-0
Das Grundlagenbuch zum anthroposophischen Sozialimpuls.

UND WÄRE ER NICHT AUFERSTANDEN ♦
Judith von Halle, Verlag für Anthroposophie, CH-4143 Dornach,
ISBN 978-3-0376-9001-7
Anthroposophie und Christologie.
Einführung und Grundlagen, sowie zur Stigmatisation.
Siehe weitere Werke! : Verlag für Anthroposophie, www.v-f-a.ch !

FORUM KULTUS

DIE SAKRAMENTE ♦
in der freien christlichen Fassung Rudolf Steiners heute
Alle Sakraments-Texte Rudolf Steiners
für eine freie christliche Handhabung

KULTUS-HANDBUCH, in verschiedenen Ausführungen :

→ Pro-3-Verlag, Leinen, DIN A6, 350 S., ISBN 978-3-0000-7899-6
→ auch mit Goldschnitt *(beim Förderkreis anfragen!)*,
→ BoD-Verlag, Hardcover, (12x19cm), 384 S., ISBN 978-3-7322-4764-6
→ praktische LITURGIE-AUSGABE, Pro-3-Verlag, Leinen, DIN A5, 208 S.
  (auch mit Goldschnitt *[fast vergriffen!]*) *(beide über Förderkreis)*
→ als PDF-Datei, auf Anfrage: Förderkreis, Post@Forum-Kultus.de

SAKRAMENTE HEUTE ♦
Der freie christliche Impuls Rudolf Steiners heute
BoD-Verlag, Paperback, 248 S., ISBN 978-3-7460-0932-2
Ausführliches **INFORMATIONSBUCH** *!*

FREI + CHRISTLICH - Der freie christliche Impuls Rudolf Steiners heute
BoD-Verlag, Paperback, 136 S., ISBN 978-3-7481-8293-1
*Kurz-Info-Buch - Printausgabe Internet-Lexikon = **Das vorliegende Buch!***

FREI + CHRISTLICH
DER FREIE CHRISTLICHE IMPULS HEUTE
UND DIE SAKRAMENTE IN DER FASSUNG RUDOLF STEINERS
BoD-Verlag, Paperback, ca. 600 S., ISBN 978-3-7322-4464-5
Info- UND Kultushandbuch = alles in einem Buch !
In Neuauflage begriffen !

FREI + CHRISTLICH - EINE SKIZZE
BoD-Verlag, Paperback, 40 S., ISBN 978-3-7322-4153-8
Kurzfassung des freien christlichen Impulses heute
in Stichworten!, Hypothesen, Leitsterne.

ANTHROPOSOPHIE UND KIRCHE
Die Stellung der "Christengemeinschaft"
zur anthroposophischen Bewegung
Rudolf Steiner, Vortrag vom 30.12.1922 (GA 219),
mit einem Anhang weiterer Aussagen.
BoD-Verlag, Paperback, 52 S., ISBN 978-3-8423-5544-6

EIN BREVIER ✥
für einen anthroposophischen, freien christlichen Schulungs-Weg.
Mantren, Sprüche, Texte Rudolf Steiners.
→ BoD-Verlag, Hardcover, 272 S., ISBN 978-3-8448-0744-8
→ In edler Leinenausgabe, Pro-3-Verlag, DIN A6, 240 S.
  (auch mit Goldschnitt) *(Anfrage beim Förderkreis)*
Aus dem anthroposophischen Schulungsweg:
Mantren, Sprüche, Übungswege Rudolf Steiners, u. a. für die Tage,
Wochen, Monate.

DIE PERIKOPEN in interlinearer Übersetzung
(= altgriechisch-deutsch / deutsch) In der Ordnung wie für die
"freien christlichen" Handlungen durch Rudolf Steiner vorgesehen.
In Bearbeitung (geplant für 2021), Anfragen an den Förderkreis.

DIE OPFERFEIER
für die freie christliche Handlung
BoD-Verlag, Paperback, ca. DIN A6, 76 S., ISBN 978-3-8423-7414-0
Der Text der Handlung und Hinweise und Erläuterungen.

DIE OPFERFEIER - Liturgieausgabe
BoD-Verlag, Hardcover, DIN A5, 48 S., ISBN 978-3-8448-1587-0
Praktischere Handhabung! Nur der Text der Handlung, größere Schrift.

DIE BESTATTUNG - frei + christlich ✥
Die TEXTE der Sakramente in der Fassung Rudolf Steiners
und Hinweise für ein Handeln nach dem Tod
BoD-Verlag, Hardcover, 188 S., ISBN 978-3-7347-5233-9

STIRB + WERDE - Die Karwoche
Emil Bock, Privater Sonderdruck des Förderkreises; auf Anfrage.

DIE MENSCHENWEIHEHANDLUNG der "Christengemeinschaft"
in der Reihe: Die Kultus-Texte christlicher Kirchen/Gemeinschaften
BoD-Verlag, ca. DIN A6, 56 S., ISBN 978-3-8423-7051-7
(Weitere Kirchen/Gemeinschaften: ggf. bitte anfragen.)

DIE APOKALYPSE aus anthroposophischer Sicht
Rudolf Steiner, BoD-Verlag, 644 S., ISBN 978-3-8423-7339-6
Alle Zyklen Rudolf Steiners zur Apokalypse in einem Buch.

GEMEINSCHAFT BAUEN
Karl Königs Camphill-Impuls - Die drei Leitsterne
Karl König, Privater Sonderdruck des Förderkreises; auf Anfrage.

Vergriffene Grundlegung des Impulses Karl Königs
für einen "Orden der Barmherzigkeit", angeknüpft an das
"ora et lege et labora", anthroposophisch vertieft,
im Zusammenhang mit dem freien christlichen Impuls.

HINWEIS
auf (für unsere Arbeit verwendet) :

DAS NEUE TESTAMENT ✦
Interlinearübersetzung Griechisch-Deutsch
Ernst Dietzfelbinger, Nestle-Aland, Hänssler-Verlag, ISBN 3-7751-0998-6

Verschiedene **INFO-Flyer** und **INFO-Hefte**
auf Anfrage beim Forum Kultus !

BÜCHERLISTE Forum Kultus, 4 S., DIN A5, beidseitig auf A4
Kostenlos vom Förderkreis Forum Kultus.
Siehe auch in unserer Website: www.Forum-Kultus.de !

Alle Bücher mit ISBN-Nummer erhalten Sie über Ihre Buchhandlung !

.. außerdem :

THEMA **hier** ist speziell der *freie christliche Impuls*.
Es gibt aber seitens der "Christengemeinschaft" und Rudolf Steiners
einige Veröffentlichungen
zur Frage der Sakramente aus **kirchlicher Sicht** !
Wenn man diesen speziellen Bezug, diese Einschränkung berücksichtigt,
finden sich hier selbstverständlich wertvolle und wichtige Anregungen
(die natürlich - für ein "laienpriesterliches" Wirken - weiter bearbeitet,
"fortgesetzt" und dementsprechend gehandhabt werden müssen) !

Sie finden diese :
Aus der kirchlichen Perspektive der "**Christengemeinschaft**" :
www.Urachhaus.de , bzw. www.Christengemeinschaft.org .

Von **Rudolf Steiner** sind die Kurse zur Begründung der CG zu nennen :
"**Vorträge und Kurse über christlich-religiöses Wirken**", GA 343-346.
Sie finden diese online : *www.fvn-rs.net / www.steinerdatenbank.de*

Zu Ihrer Orientierung
Der Inhalt des **INFORMATIONSBUCHES** "Sakramente heute..." *

Liebe LeserInnen
Ein pfingstlicher Impuls
Vom Sinn des Kultischen
Freiheit
Warum Sakramente

Z u s a m m e n f a s s u n g der Thematik

ZUR FREIHEIT
DES CHRISTENMENSCHEN

Kirche unnötig?
Anthroposophie als freilassendes Werkzeug
Mit welchen Handlungen?
Steinersche Antworten
Ein allgemein-priesterlicher Weg
Lebendiger Kultus
Berechtigung Weihe?
Zwei Strömungen
Exkurs: Probleme mit der Christengemeinschaft
Monopolanspruch
Freie christliche Initiativen
Cristen-Gemeinschaft
Zur Verfügung stellen
Weiter
Fortsetzung in Form und Inhalt

S p o t l i g h t auf spezielle Themen

Schulungs-Weg
Grundlagen Schulungsweg
  Der Grundstein
  Der Jahreskreislauf
Opferfeier
Zur Weihe
Litgurische Kompetenz
  Gottesdienst überall
Kultus-Trage-Gemeinschaft
  Die Meditation des Kreises

Christen-Gemeinschaft bauen
Werkzeuge gelebter Liebe
Ökumene

Forum Kultus - Quantität oder Qualität?
Leitsterne
Aus dem Lebendigen heraus
Was kann ich tun
weitergehen

FAZIT
Kernsätze
Englische Zusammenfassung: Nobody need ..

Anlage

Zur Opferfeier - Maria Röschl-Lehrs
Sieben Sakramente - Rudolf Steiner
Zum Verhältnis von AG und CG - Rudolf Steiner

Die freien christlichen SAKRAMENTS-TEXTE
Angaben zu den Sakramenten

Literaturhinweise / Infos / Adresse

* *Stand: momentan aktuelle Auflage Michaeli 2017*

SAKRAMENTE HEUTE
Der freie christliche Impuls Rudolf Steiners heute
BoD-Verlag, Paperback, 248 S., ISBN 978-3-74600932-2

Zu Ihrer Orientierung
Der INHALT des **KULTUSHANDBUCHES** "Die Sakramente..." *

* *Stand: momentan aktuelle Auflage Pfingsten 2008*

Nehmen Sie auch so etwas
(wie die Kultushandlungen)
als einen Anfang hin,
und wissen Sie, dass da,
wo man in ehrlicher Weise
einen solchen Anfang will,
sich schon auch die Kräfte finden werden
zur Verbesserung desjenigen,
was in einem solchen Anfange gegeben werden kann. ...
Es wird Ihnen aber gerade an diesem Beispiel
klar sein können,
wie überall eben aus dem Lebendigen heraus
das Kultusartige gesucht werden muss. ...
Etwas Prinzipielles
kann es im Leben der Welt überhaupt nicht geben,
sondern es kann nur
das sich in Leben Wandelnde geben.
Das darf man nicht als eine Inkonsequenz betrachten,
sondern als eine Forderung des Lebens selbst.

Rudolf Steiner, 4.10.1921, vormittags, GA 269

Wenn heute (1923 !!) einer
die Dinge in derselben Weise vertritt,
mit der man sie 1919 vertreten hat,
man da um Jahrhunderte
zurückgeblieben ist.

Rudolf Steiner, 31.12.1923

Wir stehen nicht am Ende
sondern am Anfang
des Christentums.

Christian Morgenstern

DER FREIE CHRISTLICHE IMPULS RUDOLF STEINERS HEUTE

HINWEISE

FORUM KULTUS
ARBEITSMATERIAL ZUR KULTUS-FRAGE
KURZ-INFO

Abkürzungen

AG   = Anthroposophische Gesellschaft
BoD   = Books on Demand (Verlag des Forum Kultus)
CG   = Die Kirche "Die Christengemeinschaft
FK   = Forum Kultus
GA   = Rudolf Steiner Gesamtausgabe (Rudolf Steiner Verlag)
IfcAG = Initiative, freie christliche Arbeits-Gemeinschaft
VDL   = Volker David Lambertz

INTERNET

Siehe auch unter Literaturhinweise S. 117 !

Siehe ausführliche Informationen auch auf unseren Websites :

www.Forum-Kultus.de / www.Freie-christliche-AG.de

Zur Anthroposophie :

www.goetheanum.org / www.anthroposophische-gesellschaft.org

Für die Arbeit *außerhalb* der anthroposophischen Szene :

V.D. Lambertz als überkonfessioneller " Freier Theologe " :
www.Freie-Christen.info

**Außerdem finden Sie Liturgen
außerhalb der anthroposophischen Anschauung :**

z.B.: www.Freie-Theologen.de /
www.Zeremonienleiter.eu / www.rent-a-pastor.com ,
oder googeln Sie einfach nach " Freie Theologen " ;-)

und wenn morgen die Welt unterginge,
so pflanze ich heute noch
mein Apfelbäumchen!
u. Martin Luther

Von nichts .. kommt nichts ...

Liebe LeserInnen, liebe FreundInnen !

Werde ich bezüglich einer sakramentalen Handlung gefragt,
möchten wir dafür *prinzipiell* keine Bezahlung !
Auch ich bin nur der dankbar Empfangende, Beschenkte ...
denn ER ist ja der Gebende!
Gerade im sakramentalen Bereich soll der ansonsten alles
beherrschende und zerstörende Mammon keinen Zugriff haben !

Aber .. alles kostet trotzdem ....
das haben wir bisher meist privat bezahlt ... ...
Diese Quelle ist zwar eine idealistische, aber nicht realistische...

Unser Engagement ist grundsätzlich ehrenamtlich,
die allgemeinen Sachkosten aber suchen noch mehrere Schultern...

Helft deshalb, dass dieser Impuls
nicht an mangelnden Finanzen verdurstet, ..verschwindet !

Wie wäre es bestimmte Aktionen / Projekte mitzutragen
(z.B. eine Anzeige, z.B. im "Goetheanum", oder in "Info-3", ...),
um auf diesen Impuls aufmerksam zu machen .... ??

Lass uns nicht damit alleine ... !
Wir alleine... schaffen das nicht ...

Spendenkonto

Förderkreis für anthroposophisch kommunitäre Sozial-Entwicklung e.V.

Förderkreis, Volksbank Stockach

IBAN: DE66 6906 1800 0047 0824 20 - BIC: GENODE61UBE

Sie können auch eine Spendenbescheinigung erhalten
(..das ggf. mit Ihrer vollen Adresse kundtun) !

Herzlichsten Dank !

Ihr Forum Kultus

129

FORUM KULTUS

INITIATIVE, FREIE CHRISTLICHE
ARBEITS-GEMEINSCHAFT

INITIATIVEN FÜR EIN FREIES,
ANTHROPOSOPHISCH + SAKRAMENTAL
VERTIEFTES CHRIST-SEIN HEUTE

In der Zeiten-Wende
Trat das Welten-Geistes-Licht
In den irdischen Wesensstrom;
Nacht-Dunkel
Hatte ausgewaltet;
Taghelles Licht
Erstrahlte in Menschenseelen;
Licht,
Das erwärmet
Die armen Hirtenherzen;
Licht,
Das erleuchtet
Die weisen Königshäupter –

Göttliches Licht,
Christus-Sonne,
Erwärme
Unsere Herzen;
Erleuchte
Unsere Häupter;
Dass gut werde,
Was wir
Aus Herzen gründen,
Was wir
Aus Häuptern
Zielvoll führen wollen.

4. Strophe des Grundsteinspruches der Weihnachtstagung
der Allgemeinen Anthroposophischen Gesellschaft

Die Freiheit des Christenmenschen,

der "Ethische Individualismus"
impliziert auch im "Forum Freier Christen", wie auch im "Forum Kultus",
die Freiheit aus der eigenen, individuellen, eben "moralischen Intuition"
heraus zu handeln und somit auch entsprechend zu publizieren.

Deshalb können prinzipiell alle Veröffentlichungen - auch hier -
nur als die Meinung des jeweiligen Autors angesehen werden!
Inhalte, die ein bestimmter Kreis trägt,
sind mit dessen Namenskürzel und Datum (z.B. FK-01/2018) gekennzeichnet.
Wenn nicht anders angegeben, besteht *dieses* Kurz-Info aus einer Bearbeitung
des Eintrages für das Internet-Lexikon "Anthro-Wiki" von Volker Lambertz.

Prinzipiell ist uns **TRANSPARENZ** ein wichtiges Anliegen,
denn ohne diese entsteht Anonymität, Macht und wird Freiheit unterminiert.

Herausgabe des Arbeitsmaterials zur Kultus-Frage
und Erstellung dieses Kurz-Info-Buches
und des Lexikon-Eintrages,
im Auftrag des Forum Kultus :

Volker David Lambertz

Aus den Quellen der Befreiungstheologie und Anthroposophie - 'Kampf + Kontemplation'.

Ehemals hauptamtlich, leitend tätig in der Friedensbewegung (DFG-VK);
aktiv in der 'Gewaltfreien Aktion'; Gründungsmitglied der 'Grünen'; nun bei den 'Linken',
sowie der 'Christlichen Linken'; mitwirken in der 'Gewaltfreien Kommunikation'.

Aktiv in der Ökumene: in der/für die 'Communauté de Taizé' (auch liturgisch), der 'Kirche
von unten', des 'Ökumenischen Rates der Kirchen'; Initiator der 'Initiative Christen von unten'.
Hospiz-Konzeption aus den Urimpulsen Karl Königs ('Camphill') ('ora et lege et labora').

Versch. Funktionen in der 'Freien Waldorfschule' und 'Anthroposophischen Gesellschaft'
(seinerzeit Zweigverantwortlicher und Lektor der 'Freien Hochschule für Geisteswissenschaft').

Initiator des 'Forum Freier Christen', 'Forum Kultus' und 'Geomantie Helgo-Land'.

Aktuell tätig als 'Freier Theologe' (überkonfessionell / anthroposophisch, insbesondere Taufe,
Trauung, Bestattung) und organisatorisch für das 'Forum Freier Christen' & 'Forum Kultus'.

Bürokaufmann, Altenpfleger, Anthroposophisches Studienseminar (Stgt., Teichmann),
Priesterseminar ('Christengemeinschaft'), Dipl.-Päd., Betriebspsychologe FH, Dr. phil. .

Geb. 1955, verheiratet, 4 Töchter, wohnhaft am Bodensee / Helgoland.
Dreimal an der Schwelle des Todes .. gesundheitlich angeschlagen...
DU .. bist nur -wenn auch rostiges- Werkzeug ... diene und danke .. demütig ..

Internet siehe: www.Forum-Kultus.de / www.Freie-Christen.info / www.Hillig-Lunn.info

forum kultus

INITIATIVE FÜR EIN
FREIES,
ANTHROPOSOPHISCH + SAKRAMENTAL
VERTIEFTES CHRIST-SEIN HEUTE

in der Initiative
Netzwerk FORUM FREIER CHRISTEN

Büro & ViSdP.: Volker David Lambertz
Anschrift: Förderkreis, Herrensteig 18, D-78333 Wahlwies
(Tel. / AB & Fax: 0049 (0)3212 1466232)
Kontakt möglichst über EMail: **Post@Forum-Kultus.de**
Internet: www.forum-Kultus.de

Spendenkonto:
Förderkreis für anthroposophisch kommunitäre Sozial-Entwicklung e.V.
Förderkreis, Volksbank Stockach
IBAN: DE66 6906 1800 0047 0824 20
BIC: GENODE61UBE

Sie erhalten unsere Bücher (mit ISBN) über den Buchhandel !
ansonsten direkt bei uns.

Liebe LeserInnen! Die Thematik ist recht komplex ...
Dieser Impuls ist zudem ein sich dauernd lebendig wandelnder!
Wenn Sie also aktuelle Informationen brauchen, schauen Sie doch bitte immer wieder nach,
auf unserer Website www.Forum-Kultus.de, per Post, oder treten Sie direkt mit uns in Kontakt.

Falls ggf. irgendwelche Urheberrechtsverletzungen vorliegen sollten ...
Das ist keine Absicht; sehen Sie es als Wertschätzung Ihrer Inhalte
und berücksichtigen Sie die gemeinnützigen, idealistischen Ziele dieses Arbeitskreises,
der um Ihre großzügige, ggf. stillschweigende Zustimmung bittet !

Sollte ich in diesem Info-Buch
irgendjemand - unbeabsichtigt! - verletzt oder etwas falsch vorgebracht haben..
*und bezüglich **Fehler aller Art** (ehrenamtliche Nachtarbeit...!) :*
geben Sie mir Bescheid, damit ich es korrigieren kann! ... Und ggf.: Entschuldigung ... !!

Volker David Lambertz - Pfingsten 2019 - Post@Forum-Kultus.de

Notizen

Arbeitsmaterial zur Kultus-Frage

Notizen

Arbeitsmaterial zur Kultus-Frage

FORUM
FREIER CHRISTEN

Non nobis Domine, non nobis, sed nomini tuo da gloriam.